LIMA BARRETO EM QUATRO TEMPOS

LIMA BARRETO EM QUATRO TEMPOS

CARMEM NEGREIROS

© Relicário Edições
© Carmem Negreiros

Dados Internacionais de Catalogação na Publicação (CIP) de acordo com ISBD

N385l

    Negreiros, Carmem

    Lima Barreto em quatro tempos / Carmem Negreiros. - Belo Horizonte, MG : Relicário, 2019.

    172 p. ; 15,5cm x 22,5cm.

    Inclui bibliografia e índice.

    ISBN: 978-65-5026-019-4

    1. Literatura brasileira. 2. Teoria e crítica literária. 3. Lima Barreto. I. Título.

                                         CDD 869.909

2019-1459   CDU 821.134.3(81).09

Elaborado por Vagner Rodolfo da Silva – CRB-8/9410

CONSELHO EDITORIAL
Eduardo Horta Nassif Veras (UFTM)
Ernani Chaves (UFPA)
Guilherme Paoliello (UFOP)
Gustavo Silveira Ribeiro (UFMG)
Luiz Rohden (UNISINOS)
Marco Aurélio Werle (USP)
Markus Schäffauer (Universität Hamburg)
Patrícia Lavelle (PUC-RIO)
Pedro Süssekind (UFF)
Ricardo Barbosa (UERJ)
Romero Freitas (UFOP)
Virginia Figueiredo (UFMG)

COORDENAÇÃO EDITORIAL Maíra Nassif Passos
PROJETO GRÁFICO Ana C. Bahia
CAPA E DIAGRAMAÇÃO Caroline Gischewski
ILUSTRAÇÃO DE CAPA Rodrigo Costa
REVISÃO E PREPARAÇÃO DE ORIGINAIS Denise Schittine

RELICÁRIO EDIÇÕES
Rua Machado, 155, casa 1, Colégio Batista | Belo Horizonte, MG, 31110-080
relicarioedicoes.com | contato@relicarioedicoes.com

APRESENTAÇÃO 7

CRÔNICA 11

Lima Barreto, cronista 13

    Da crônica e da cidade 15

    O trem e os subúrbios 26

    Crônica e memória cultural 38

    Crônica debate: feminicídio 41

    Por que ler as crônicas 45

CONTO 47

"Um especialista" ou a "mulata" e a tradição 49

    A tradição literária e a "mulata" 52

    Melancolia na cor e na alma 57

"Um e outro" ou o espetáculo da mercadoria 66

"O homem que sabia javanês" ou a potência do saber 73

ROMANCE 85

O romance de estreia: polêmica recepção 87

    Lendo o romance de estreia hoje 91

    O romance e a imprensa 97

Triste fim de Policarpo Quaresma 110

    Memória e identidade cultural 111

    Palavra, país, paisagem 117

    Policarpo Quaresma no paraíso 127

    Conhecimento e autoconhecimento 132

RETALHOS 139

Retalhos 141

    Perspectivas para abordagem ou etapas de pesquisa 146

    Diálogo com a crítica genética 146

    A coleção 148

    Nova leitura para o *Diário Íntimo* 150

PALAVRAS FINAIS 157

REFERÊNCIAS 159

SOBRE A AUTORA 169

APRESENTAÇÃO

Este livro concretiza um desejo que nasceu de um convite dos estudantes de Letras da Uerj, por meio do diretório (DALB[1]), para falar de Lima Barreto no dia de seu aniversário, 13 de maio deste 2019.

Sem um tema previamente combinado, havia um interesse difuso sobre personagens, cenários das obras, o porquê de sua atualidade e como o livro dialogaria com as inquietações contemporâneas.

Começamos a conversa em uma pequena roda e, nesse início, eu estava mais interessada em ouvir o que os levou a pensar no escritor, o que dele conheciam e as questões sobre as quais poderíamos tratar. O ar fresco de outono entrava à vontade no espaço que foi ficando menor e mais acolhedor aos poucos. A janela aberta permitia estender o olhar por parte do morro da Mangueira, o alto do Maracanã, ouvir o trem nas suas idas e vindas, trazendo o vento agradável de maio que ameniza o típico calor carioca.

O contorno da cidade que nos cercava inspirou o diálogo desenrolado a partir da história do Rio de Janeiro, início do século XX. As reformas urbanas e seu efeito estético no espaço e nas pessoas, o lazer da avenida Central em meio a vitrines de produtos sofisticados, cinemas, prédios exuberantes do comércio e das artes, a ampliação da malha viária. Entre os exemplos dos caminhos de ligação construídos, à época, para aproximar o centro urbano dos subúrbios, está a avenida Francisco Bicalho (antiga avenida do Mangue), que hoje se conecta com a radial Oeste, cujo movimento podemos ver das janelas da universidade. Vale ressaltar, nosso lugar de observação é muito privilegiado: podemos sentir o samba da Mangueira, Vila Isabel, Salgueiro, Tuiuti e perceber o ritmo das tensões sociais no entorno. Respiramos a Floresta da Tijuca, sentimos o bafejo da história vindo de São Cristóvão e seus jardins imperiais, além do burburinho de pessoas em ônibus, metrôs

---

1. Diretório Acadêmico Lima Barreto.

e trens que interligam a cidade e os subúrbios, espelho de sua gigantesca diversidade cultural. E, ainda, o prédio da universidade foi construído sobre as ruínas da favela do Esqueleto que nasceu depois da construção do estádio do Maracanã (1950). Os barracos aglomeraram-se ao redor de obras abandonadas, "esqueleto", do que deveria ser um hospital público. Seus moradores foram removidos para um conjunto habitacional, no distrito de Bangu, chamado Vila Kennedy. Curioso e interessante nascimento do espaço da Uerj que nos lembra como reformas, derrubadas, remoções, muitos "bota-abaixo" incorporaram-se à memória da cidade do Rio de Janeiro.

E, assim, olhando também para a fronteira da natureza ao redor, conversamos sobre como a cidade alcançou os morros, os embates entre o progresso e a tradicional feição cultural do Rio, com seus folguedos, ritmos e personagens. Com celulares na mão, a segunda pele de nossos dias, os estudantes questionaram sobre a força da imprensa, a "onipotente imprensa, o quarto poder fora da Constituição", como dizia o autor de *Recordações do escrivão Isaías Caminha*. Os jornais, no início do século XX, orientavam os leitores na leitura do já não tão familiar espaço urbano, na identificação dos riscos e fascínios da vida moderna, na difusão de notícias sensacionalistas que afetavam a sensibilidade dos leitores tanto quanto o choque das ruas ou a tela do cinematógrafo. O espetáculo provocado por jornais e revistas reconfigurava o lugar do escritor e da literatura, em uma tensa disputa de discursos logo percebida por Lima Barreto, que tratou de incorporar as novas tecnologias e as tensões da experiência urbana à linguagem literária, desde suas crônicas até os romances.

Durante a conversa, nenhum dos estudantes trouxe a versão preconcebida do escritor desleixado, bêbado e louco, como tantas vezes resumem sua imagem ou, a partir dela, qualificam sua obra. Em vez disso, a curiosidade veio em torno de questões como: qual era a posição do escritor diante do mercado, que já exigia do talento literário habilidade de negociação para ter êxito? Como lidou com a desigualdade social e o racismo sendo pobre, negro e suburbano? E as mulheres, como aparecem nas suas obras? E os *Bruzundangas*? Quais os temas mais recorrentes nos seus textos? Como era o intelectual Lima Barreto?

Certa ansiedade tomou conta dos estudantes e de mim. Depois de anos de estudo das obras do autor, vi que não daria conta de tantas perguntas que se retroalimentavam, e o interesse crescia. Já ouvia uns dizendo "vou ler o *"Recordações"*, e outros "quero ler o *Policarpo"*. Juntos lemos ali a crônica "Não as matem", que exemplifica a luta do escritor contra o que, hoje, chamamos de feminicídio.

Saí da sala contente e bastante inquieta. Os olhares entusiasmados e as perguntas me deram a certeza da necessidade de trazer mais da obra de Lima Barreto para os estudantes, universitários ou não. Apresentá-lo, com os devidos cuidado e profundidade, a secundaristas, graduandos e pós-graduandos interessados em perscrutar a obra de Lima. Desde então, comecei a rascunhar este livro para continuar a conversa com interlocutores tão ávidos.

Foi difícil estabelecer por onde começar e o que selecionar, qual o formato do diálogo para não ser apenas didático, com o risco de ser limitador, tampouco tornar-se demasiado simplista diante das opções complexas que o escritor oferece.

O inevitável recorte, chamei de tempos diferentes, que só se dividem no aspecto gráfico do livro. Afinal, como é próprio do tempo, eles se interpenetram, fazendo ecoar e escorrer o passado no presente para tratar da permanência, da instigante permanência de Lima Barreto nos estudos literários e na vida cultural brasileira.

O tempo crônica traz o escritor no centro do impasse entre o jornalismo e a literatura, e os seus textos procuram chamar a atenção para as novas práticas sociais no espaço da cidade, exercitando para isso diferentes modos de olhar; também discutem a força da imprensa no desenho da cidade e dos valores que moldam subjetividades, além da permanência da desigualdade na distribuição das benesses da vida moderna e a delicada aproximação do cronista ao romancista.

Para o conto, diante da variedade e riqueza da produção de Lima Barreto no gênero, a escolha foi bem difícil. Mas não poderia faltar aqui o muito apreciado "O homem que sabia javanês" que problematiza a potência do saber, ao lado de "Um músico extraordinário". O não tão lido "Um especialista" apresenta metonimicamente o forte diálogo do escritor com a invenção da "mulata", na tradição literária e cultural, enquanto "Um e outro" possibilita pensar no espetáculo da mercadoria nas ruas, nos corpos e nas vitrines.

Longe da pretensão de abarcar o conjunto da produção de Lima Barreto, a escolha dos romances considerou o romance de estreia, importante por apresentar inovações formais ao gênero e pela polêmica recepção crítica que marcou, a ferro e fogo, a leitura das demais obras do escritor.

O emblemático e incontornável *Triste fim de Policarpo Quaresma* completa o "tempo" romance. A obra é cada vez mais interessante para pensar as tensões da memória cultural, os sentidos de nação e brasilidade e os efeitos dessas construções sobre os indivíduos. Especialmente quando assistimos ao renascer do sentimento nacional, mesmo que este seja, hoje, um referencial de índice mais reativo que afirmativo, uma espécie de nacionalismo sem patriotismo.[2]

Diferente dos tópicos anteriores, o tempo "Retalhos" traz os dilemas e caminhos da minha pesquisa diante de um objeto tão instigante quanto complexo: os cadernos de Lima Barreto.

Os capítulos, ou tempos, podem ser lidos separadamente e buscam apresentar, de forma introdutória, o legado do autor, seja no que diz respeito à estética de sua escrita, às temáticas que aborda ou ao diálogo (e ruptura) com determinadas tradições literárias.

Apesar de trazer alguns estudos e leituras presentes em artigos, capítulos de livros, livros produzidos durante a minha trajetória de estudiosa das obras do escritor carioca, esse livro também traduz um amadurecimento crítico que, inevitavelmente, cria um novo olhar, um novo conjunto, produzindo também a revisão de percurso que mantém viva a paixão pela pesquisa e docência.

Que esse livro possa incentivar o encontro de novos leitores com a obra de Lima Barreto.

---

2. A revitalização do credo nacional pela extrema-direita, hoje, representa muito mais a rejeição a imigrantes, o medo da criminalização galopante, a angústia frente à marginalização social. Enfim, funda-se no medo e ódio ao outro e, assim, os projetos coletivos (nacionais) só despertam simpatia social na medida que têm nexo com as aspirações individualistas de viver melhor (LIPOVETSKY, 2005).

CRÔNICA

Hoje não me sinto bem disposto para escrever; e, desde que as ideias não me acodem em abarrôto nem a pena escorrega célere, não é bom forçar a natureza, tanto mais que tenho que contar com todos os intermediários necessários entre o meu pensamento e os leitores, para desfigurarem o meu artigo. Sendo assim, o melhor é interromper a série de rápidos estudos que venho fazendo de nossos homens de lápis e pincel, e escrever qualquer coisa.

Lima Barreto[*]

---

[*] BARRETO, Afonso Henriques de Lima. Impressões de leitura. *Obras de Lima Barreto*. São Paulo: Editora Brasiliense, 1956, vol.13, p. 259-260.

Lima Barreto, cronista

> *Foi mais ou menos nessa época que se formou a essência, e quem morava no Rio deixou de ser português imigrante, turco de nascença, brasileiro legítimo, chinês expatriado, meio branco, meio mulato ou meio índio para se tornar carioca.*
>
> Martha Batalha[3]

É muito forte a ligação entre Afonso Henriques de Lima Barreto (1881-1922) e o jornal, desde o período de estudante da Escola Politécnica, no Rio de Janeiro em 1903, quando colaborou nos humorísticos *Tagarela* e *O Diabo*. Já em 1905, inicia uma série de reportagens intituladas *O subterrâneo do morro do Castelo*[4] publicadas no jornal *Correio da Manhã* e, em 1907, começa a trabalhar na revista *Fon-Fon!* como redator. Em fins do mesmo ano, funda com amigos a sua própria revista, *Floreal*, de efêmera duração, com somente quatro números publicados. Escreveu diariamente para o *Correio da Noite*, em 1914, e em 1915 inicia a primeira fase de sua longa colaboração na revista *Careta* que vai até 24 de junho de 1916.

Com o pseudônimo de Dr. Bogoloff publica, em 1918, uma série de crônicas no vespertino *A Lanterna* e, no mesmo ano, lança no periódico *A.B.C.* o seu "Manifesto maximalista" que termina com o grito de guerra "Ave, Rússia!", além de um conjunto de crônicas que perfazem mais de vinte títulos. Mas, no ano seguinte, suspende sua colaboração no periódico pelo fato de ter sido publicado nele um artigo racista. Em março de 1919, começa a publicar no semanário *Hoje* crônicas acerca da cultura urbana carioca sob o título *Mágoas e sonhos de um povo*. Neste mesmo ano, inicia a segunda fase de sua colaboração na *Careta* só interrompida com a morte.

---

3. BATALHA, Martha. *A vida invisível de Eurídice Gusmão*. São Paulo: Companhia das Letras, 2016, p. 137.

4. Léo Junius, pseudônimo de José da Rocha Leão, colaborador do *Jornal do Commercio* e da *Gazeta de Notícias*, reuniu e publicou no *Correio da Manhã*, em 1875, uma série de artigos sob o título Os Subterrâneos do Morro do Castelo, seus mistérios e suas tradições, reunidos em livro em 1878. Lima Barreto inspirou-se nesse material para criar sua obra que articula registros históricos, técnicas jornalísticas e ficção (utiliza-se das estratégias típicas do romance folhetim).

Em maio de 1922, entrega ao editor Francisco Schettino os originais de *Feiras e mafuás* (crônicas) e em primeiro de novembro falece no Rio de Janeiro. O fim de uma vida intensa de participação em jornais e revistas e na cena cultural e literária que se intercalavam com a publicação de artigos, crônicas, contos e romances.

Vale a pena mencionar que alguns dos volumes de crônicas foram originalmente preparados para publicação pelo próprio autor que selecionava o material já publicado e, após correções e pequenos acréscimos, organizava-o em um livro.

As crônicas a serem comentadas a seguir foram escolhidas dos volumes publicados em 1956 na coleção *Obras de Lima Barreto*, com organização de Francisco de Assis Barbosa e colaboração de Antônio Houaiss e Manoel Cavalcanti Proença. São eles:

Feiras e mafuás (vol.10): As crônicas do volume foram publicadas pela primeira vez pela Editora Mérito, em 1953, a partir dos originais entregues por Lima Barreto ao editor Francisco Schettino. Quando publicado, o conjunto aproximou-se da organização inicial feita pelo escritor, e recebeu acréscimos de alguns textos conforme o critério do organizador, Francisco de Assis Barbosa.

Marginália, (vol. 12): O título do volume pertence a Lima Barreto, que justifica sua escolha logo na primeira crônica "A questão dos poveiros". Publicado pela primeira vez em 1953, pela Editora Mérito, também recebeu acréscimos do organizador.

Vida urbana (vol. 11): O título foi dado pelo organizador, Francisco de Assis Barbosa, e traz uma coleção de crônicas publicadas entre 1920 e 1922.

Bagatelas (vol. 9): Editado em 1923 pela primeira vez, um ano após a morte de Lima Barreto. Publicada pela Empresa de Romances Populares, sob a direção de Vasco Lima, a coletânea obedeceu ao critério de escolha do autor e, no texto de "Advertência" que abre o volume assim a justifica:

> [...] este pequeno livro não visa outro intuito senão permitir aos espíritos bondosos que me têm acompanhado, nos meus modestos romances, a leitura de algumas reflexões sobre atos, coisas e homens de nossa terra, que, julgo talvez sem razão, muito próprias a mim.

Aparecidos em revistas e jornais modestos, é bem de crer que tais espíritos não tenham lobrigado a existência deles; e é somente por esse motivo que os costuro em livro, sem nenhuma outra pretensão, nem mesmo a de justificar a minha candidatura à Academia de Letras.

Percebo perfeitamente que seria mais prudente deixá-los enterrados nas folhas em que apareceram, pois muitos deles não são lá muito inocentes; mas, conscientemente, quero que as inimizades que eles possam ter provocado contra mim, se consolidem, porquanto, com Santo Inácio de Loiola, penso que não há inimigo tão perigoso como não ter absolutamente inimigo (BARRETO, *Bagatelas*, 1956, vol. 9, p. 37).

Da crônica e da cidade

Se a palavra crônica tem origem em *chronos*, que se vincula ao tempo, qual o papel desse gênero tão estudado, quanto estigmatizado, nas primeiras décadas do século XX em que a imprensa é onipotente, lançando milhares de edições de jornais e revistas num país de leitura difusa, que vai da escuta atenta das leituras em voz alta nas ruas, botecos e varandas ao gabinete de letrados?

Enquanto gênero literário, a crônica já foi definida por sua efemeridade, hibridismo, flexibilidade, linguagem simples e, principalmente, classificada de gênero menor.[5] Mas são as tecnologias de imagem, de impressão e reprodução, ao lado da profissionalização do escritor, os aspectos que melhor a situam no contexto das primeiras décadas do século XX: em meio à formação de um novo perfil de escritor, da valorização do leitor e no centro da tensão instigante entre os discursos literário e jornalístico na cultura brasileira.

O aperfeiçoamento da imprensa, na *Belle Époque*, garantiu maior agilidade na distribuição e produção de jornais, revistas e anúncios publicitários que se espalhavam pela cidade. Alguns aspectos técnicos como a importação de máquinas, o incentivo à importação de papel, o incremento

---

5. "Os escritos atualmente conhecidos como crônicas podem apresentar-se como narrativas curtas, como fragmentos dramáticos, dialogados, como comentários gerados a partir de um fato qualquer sugerido pelo noticiário do momento. Podem fingir uma carta, ou expressar-se de maneira subjetiva, lírica, vizinha do poema, em prosa ou verso" (REIS, 2016, p. 13).

de recursos visuais como os serviços fotográficos, o clichê em cores, a linotipia, entre outros, representam estratégias para atração do público consumidor. No entanto, a incorporação das novidades técnicas, a busca do lucro e distribuição de seções, temas e linguagens para os mais diversos perfis de consumidores não foram suficientes para gerar uma política editorial consistente, tampouco livrar os jornais e revistas de medidas de controle, que variavam desde a censura difusa até o radical fechamento de redações e perseguições a jornalistas.

Nesse quadro dinâmico, a tensão se instala entre o homem de letras e o jornalista e está em pauta a distensão de vários limites e reposicionamento de lugares de poder. Não se trata somente de uma questão de renda, emprego ou visibilidade, mas do espaço de reconhecimento do sujeito literário no campo discursivo.

De um lado, o embate do literato com a escrita puramente mercantil do jornal e a acusação de má qualidade dos textos jornalísticos. Muitos escritores ao responderem à famosa enquete de João do Rio, *O momento literário* (1908), que versava sobre a relação entre a imprensa e a literatura, chamam a atenção para os males diretos e indiretos causados pelo jornalismo à produção literária.

Do outro lado, jornais e revistas representavam não somente uma fonte de renda para o homem de letras, mas "a possibilidade de fundar um novo lugar de enunciação e de adquirir certa legitimidade intelectual" (RAMOS, 2008, p.101) não diretamente relacionados aos meios exclusivos e tradicionais do mundo literário. Vale ressaltar que a busca de legitimação desse lugar do discurso literário fora realizada pela fundação da Academia Brasileira de Letras que "oscilou entre a afirmação pública de sua independência, como se vê nos discursos dos acadêmicos e nos debates públicos que estes protagonizaram sobre seu próprio perfil, e a recorrente procura de mecenato oficial" (BRAGANÇA; ABREU, 2010, p. 541).

Aos homens de letras, a imprensa determina, entre outras coisas, a escrita sobre assuntos de interesse amplo, pois as elaborações literárias são menos prestigiosas do que a notícia e a informação, estas, sim, tornam-se a força do jornal.

A informação precisava de pouco espaço [...] e proporcionava ao jornal o aspecto a cada dia novo e inteligentemente variado da paginação, no qual residia uma parte do seu encanto. Precisava ser constantemente renovada: mexericos urbanos, intrigas do meio teatral e mesmo "curiosidades" constituíam suas fontes prediletas (BENJAMIN, 1989a, p. 24).

No interior das redações, na especialização de funções e divisões de poder, percebe-se "uma lógica de sentido profundamente fragmentária [...] constituída por uma acumulação de fragmentos de códigos, em que as linguagens se superpõem, se justapõem ou simplesmente se misturam, com discursos de todos os tipos e procedência histórica, impossível de definir" (RAMOS, 2008, p. 143). Interesses e projetos de publicações organizados por homens de negócios em direção a consumidores em potencial acentuam o questionamento: como garantir autonomia e independência do sujeito literário em uma sociedade que não o reconhece?

> A necessidade de estabelecer diálogos efetivos entre autor e público, para garantir o sucesso econômico da impressão, determinou concessões de parte a parte; tanto do escritor que se propunha a escrever em qualquer periódico que lhe desse espaço, quanto do editor, que reunia nomes vendáveis, independente de suas afinidades ideológicas, a fim de garantir o consumo do produto (MARTINS, 2001, p. 142).

Alguns entrevistados de João do Rio, como o poeta e ensaísta Medeiros de Albuquerque, apontam a precária "instrução pública" como causa para o impasse entre tecnologias, texto e leitor. E o poeta chama a atenção para o importante papel do jornal na formação de leitores:

> Não é verdade que o jornalismo prejudique em nada a nossa literatura. O que a prejudica é a falta de instrução. Sem público que leia, a vida literária é impossível. O jornal faz até a preparação desse público. Habitua alguns milhares de pessoas a uma leitura quotidiana de alguns minutos, dando-lhes amostras de todos os gêneros. Os que têm gosto e tempo começam por aí e passam para os livros. Mas o jornal é o indicador (RIO, 1908, p. 25).

Se o jornalismo realiza a aproximação necessária entre a escrita e o leitor, a crônica encontra terreno fértil e rico para sua disseminação e utiliza recursos que produzem, como as tecnologias vigentes, o mesmo efeito na estrutura da experiência dos leitores: choque, encantamento e, sobretudo, orientação para experimentar novas sensibilidades e lidar com os intensos deslocamentos de tempo e espaço.

Os jornais utilizavam a imagem visual como poderosa estratégia, com base em "litografias precisas, caricaturas inventivas, imagens arrebatadoras de rotogravura,[6] ilustrações florais *art nouveau*, soluções fotográficas inusitadas" (MARTINS; LUCA, 2006, p.45). O resultado logo aparece no aumento de mercado de leitores e de especialistas em ilustração gráfica. E assim, frente à complexidade do contexto cultural, o jornalismo do país com muitos analfabetos incorpora a dinâmica da velocidade de informação, que, aliada ao sensacionalismo, promove um esdrúxulo encontro entre o moderno e o antigo. Deste, considera-se aqui a forte presença do folhetim e do melodrama, produções que representaram a inserção da sociedade brasileira como consumidora de bens culturais do capitalismo editorial, ainda no século XIX.

A variedade de seções e atrações dos jornais funcionava como iniciação à leitura por meio de recursos como as ilustrações, a interpelação do leitor, a inserção de estruturas das narrativas populares (eixo da literatura de cordel), especialmente relatos de crimes com os apelos sinestésicos na redação sensacionalista de notícias. Além disso, havia a presença de elementos oriundos dos antigos almanaques: "Os almanaques são a primeira enciclopédia popular onde conselhos de higiene e de saúde se acham misturados com receitas mágicas, e onde já se propõem em forma de perguntas e adivinhações questões de física e de matemática" (MARTÍN-BARBERO, 2003, p. 163).

As crônicas, por sua vez, criam nos jornais, como narrativas do espetáculo, elos para a compreensão da vida moderna, especialmente por estarem no espaço dos periódicos. Afinal, os jornais promovem a articulação do

---

6. Processo de impressão que permite tirar heliogravuras numa rotativa. Gravura obtida por esse processo. Disponível em: https://www.dicio.com.br/rotogravura/. Acesso em: 13 jul. 2019.

espaço, imagens da vida urbana e a organização da fragmentação das ideias. "O sujeito urbano experimenta a cidade, não apenas porque caminha por suas regiões limitadas, mas porque a lê num jornal que lhe fala de seus fragmentos" (RAMOS, 2008, p. 143).

E, neles, os cronistas criam a ponte entre os cenários de modernização e o leitor, levando-lhe referências visuais e sensíveis para fomentar o imaginário e garantir a confiança de como viver em uma metrópole civilizada. Assim, "esteja em jornal ou em livro, o gênero [crônica] desligou do rés do chão e, como produto do jornal na mão de literatos, instalou-se num espaço vital para a formação da cultura brasileira: entre o iletrismo e o beletrismo [o mundo das letras, a chamada alta cultura]" (RIBAS, 2013, p. 82, comentários nossos entre colchetes). Os jornais apresentam aos leitores as inovações que transformam o cotidiano de homens e mulheres, ampliam a sua realidade cotidiana, e as crônicas atuam como guia para as novas práticas sociais no espaço da cidade. Um misto de leitura agradável, com futilidade, absurdo, violência e conversa ao pé do ouvido que produzia o efeito dúbio de gerar identificação e empatia e, ao mesmo tempo, criar um mal-estar e temor social, especialmente frente a indivíduos e lugares.

Ao lado dos jornais, e suas crônicas, também cumpriam a mesma função os cartões postais, cartazes, reclames publicitários, o cinematógrafo, os manuais didáticos para crianças. Todos contribuíam para "o nascimento da cultura midiática, nacional e de vocação uniformizante" (MOLLIER, 2008, p. 185).

Na capital da República, a avenida Central, por exemplo, é uma das mais importantes referências que afirmam um novo padrão cultural e de sensibilidade. O traçado da avenida e a distribuição dos prédios na sua extensão acentuam o efeito de crença na representação, a partir do critério seletivo de construção dos edifícios "destinados a empresas estrangeiras e nacionais, comerciais e de infraestrutura; à recreação e ao consumo de produtos europeus de luxo; a instituições veiculadas à literatura e às belas artes" (NEEDEL, 1993, p. 61). A arborização, os palácios, as lâmpadas elétricas, o calçamento e os amplos espaços para a circulação de veículos permitem, também, ampliar o olhar. A visualização dos prédios imponentes e sofisticados cria a atmosfera cosmopolita e o passante crê circular num tempo e espaço de progresso e de civilização.

Não há dúvida de que as interdições quanto à circulação (desde vendedores ambulantes, capoeiras até cães vadios), à expressão de ritmos, danças e folguedos tradicionais e, ainda, a destruição de moradias populares, o saneamento realizado com violência e o alto investimento na qualidade de vida na zona sul (em detrimento de outras regiões da cidade) constituem exemplos da imposição violenta e autoritária dessa racionalidade no espaço urbano.

A nova paisagem urbana é desenhada por braços de operários e suas marteladas, mas também pelas imagens visuais, cinéticas e pela palavra nas crônicas, em nome do progresso, da civilização, da regeneração sanitária e estética da cidade do Rio de Janeiro. Nesse contexto, a crônica é ela própria "um fato moderno, submetendo-se aos choques da novidade, ao consumo imediato, às inquietações de um desejo sempre insatisfeito, à rápida transformação e à fragilidade da vida moderna, tal como esta se reproduz nas grandes metrópoles do capitalismo industrial e em seus espaços periféricos" (ARRIGUCCI, 1987, p. 53).

Observador em deslocamento constante, Lima Barreto fez da viagem urbana – de trem, bonde ou a pé – estratégia para ver a cidade e sua gente por meio de múltiplas perspectivas, como afirmava: "Sou andarilho de vocação [...] gosto de estar em lugares em que as cenas variem e venham a se representar, às vezes, algumas imprevistas" (BARRETO, *Marginália*, 1956, vol. 12, p. 170). No seu passeio de cronista que analisa os melhoramentos urbanísticos, e as suas consequências para a vida cultural, o escritor faz reflexões sobre a cidade e verifica-se nelas o vigor do crítico pertinaz das reformas, do autoritarismo que as reveste, do distanciamento das realidades sociais que as caracteriza. Apreende-se de seus textos a observação da tirania e acirramento da desigualdade que marcaram a estetização do espaço urbano.

Entre outras coisas, Lima Barreto chama a atenção para a rapidez na substituição dos espaços e valores arcaicos no novo planejamento da cidade, a ser desenhada para consumidores. E aponta o abandono de soluções para as necessidades básicas de cidadania, como moradia, educação e renda básica que coexistem com a exposição do luxo, de novas tecnologias, da moda e dos discursos civilizadores, tudo "cenografia",[7] na expressão do escritor.

O SENHOR DOUTOR Carlos Sampaio[8] é um excelente prefeito, melhor do que ele só o senhor Frontin. Eu sou habitante da cidade do Rio de Janeiro, e, até, nela nasci; mas, apesar disso não sinto quase a ação administrativa de Sua Excelência. [...] Municipalidades de todo o mundo constroem casas populares; a nossa, construindo hotéis *chics*, espera que, à vista do exemplo, os habitantes da Favela e do Salgueiro modifiquem o estilo das suas barracas. Pode ser...

O Senhor Sampaio também tem se preocupado muito com o plano de viação geral da cidade.

Quem quiser, pode ir comodamente de automóvel da Avenida à Angra dos Reis, passando por Botafogo e Copacabana; mas, ninguém será capaz de ir a cavalo do Jacaré a Irajá.

Todos os seus esforços tendem para a educação do povo nas coisas de luxo e gozo. A cidade e seus habitantes, ele quer catitas. É bom; mas a polícia é que vai ter mais trabalho. Não havendo dinheiro em todas as algibeiras, os furtos, os roubos, as fraudes de toda a natureza hão de se multiplicar; e, só assim, uma grande parte dos cariocas terá "gimbo" para custear os esmartinos sampaínos (BARRETO, *Marginália*, 1956, vol. 12, p. 117).

---

7. Em *Os bruzundangas*, texto satírico de Lima Barreto, a reforma urbana é tratada como uma "mutação de teatro" ou "cenografia": "[...] e eis a Bruzundanga, tomando dinheiro emprestado, para pôr as velhas casas de sua capital abaixo. De uma hora para outra a antiga cidade desapareceu e outra surgiu como se fosse obtida por uma mutação de teatro. Havia mesmo na cousa muito de cenografia" (BARRETO, *Os bruzundangas*, 1956, vol. 7, p. 106).
8. O escritor refere-se aqui ao prefeito do Rio de Janeiro no período de 1920 a 1922, Carlos César de Oliveira Sampaio, que complementou a reforma de Pereira Passos. Tomou posse com a missão de preparar a cidade para os eventos comemorativos do I Centenário de Independência do Brasil. Sua administração foi marcada pela remodelação urbana que incluiu a derrubada do morro do Castelo para, no espaço, construir os edifícios da Exposição do Centenário da Independência. Realizou forte investimento na urbanização litorânea da cidade, com a construção de hotéis balneários, saneamento e aterro da área ao redor da lagoa Rodrigo de Freitas, reconstrução da avenida Atlântica (destruída por ressaca) e início da construção da avenida Epitácio Pessoa. Entre outras obras, vale lembrar a construção da avenida Maracanã, importante para a ligação do centro da cidade com bairros da zona norte.

Nos seus escritos desenha-se a cidade que se moderniza com um esdrúxulo planejamento urbano, que a deixa frágil e sujeita a antigos problemas, como as enchentes, provocadas pelas chuvas de verão. "O Rio de Janeiro, da avenida, dos squares, dos freios elétricos, não pode estar à mercê das chuvaradas, mais ou menos violentas, para viver a sua vida integral" (BARRETO, *Vida urbana*, 1956, vol. 11, p. 77).

Ainda podemos observar a forte crítica à construção dos grandes e altos edifícios, os arranha-céus, apenas para seguir um modelo de fora do país, o americano, incoerente com a topografia da cidade.

> [...] O Rio é uma cidade de grande área e de população pouco densa; e, de tal modo o é, que se ir do Méier à Copacabana, é uma verdadeira viagem, sem que, entretanto, não se saia da zona urbana.
>
> De resto, a valorização dos terrenos não se há feito, a não ser em certas ruas e assim mesmo em certos trechos delas, não se há feito, dizia, de um modo tão tirânico que exigisse a construção em nesgas de chão de *sky-scrapers*.
>
> [...] Os inconvenientes dessas almanjarras são patentes. Além de não possuírem a mínima beleza, em caso de desastre, de incêndio, por exemplo, não podendo os elevadores dar vazão à sua população, as mortes hão de se multiplicar. Acresce ainda a circunstância que, sendo habitadas por perto de meio a um milhar de pessoas, verdadeiras vilas, a não ser que haja uma polícia especial, elas hão de, em breve, favorecer a perpetração de crimes misteriosos (BARRETO, *Vida urbana*, 1956, vol. 11, p. 121-122).

Suas crônicas envolvem também uma preocupação ecológica quanto à destruição dos espaços verdes pela especulação imobiliária; o fim das plantações nos quintais suburbanos; o avanço da extensão da cidade para os então chamados areais de Copacabana e o abandono dos subúrbios habitados.

> Mas uma coisa que ninguém vê e nota é a contínua derrubada de árvores velhas, vetustas fruteiras, plantadas há meio século, que a avidez, a ganância e a imbecilidade vão pondo abaixo com uma inconsciência lamentável.
>
> Nos subúrbios, as velhas chácaras, cheias de anosas mangueiras, piedosos tamarineiros, vão sendo ceifados pelo machado impiedoso do construtor de avenidas (BARRETO, *Marginália*, vol. 12, 1956, p. 87).

Os efeitos das reformas urbanas para a sobrevivência dos cidadãos mais pobres são tema frequente nas crônicas, sobretudo a especulação financeira, a carestia, a inflação que impossibilitavam a moradia no centro da cidade e bairros adjacentes, empurrando a população para os morros. Para o cronista, na ótica do poder público o bem-estar social não é prioridade.

> Fala-se, por exemplo, na vergonha que é a Favela, ali, numa das portas de entrada da cidade – o que faz a nossa edilidade? Nada mais, nada menos do que isto: gasta cinco mil contos para construir uma avenida nas areias de Copacabana. [...] O Governo Federal – não há negar – tem sido paternal. A sua política, a respeito, é de uma bondade de São Francisco de Assis: aumenta os vencimentos e, concomitantemente, os impostos, isto é, dá com uma mão e tira com a outra. [...] O que parece atualmente é que o governo, seja municipal, seja federal, é impotente para resolver a carestia de vida e o encarecimento exorbitante dos aluguéis de casa (BARRETO, *Marginália*, 1956, vol. 12, p. 185-186).

Assim, à época da comemoração de aniversário da República e, diante do abandono, violência e indiferença que assiste ao redor, tudo dourado de ordem e progresso, o cronista conclui: "a República é o regímen de fachada, da ostentação, do falso brilho e luxo de *parvenu*, tendo como *repoussoir* a miséria geral?" (BARRETO, *Marginália*, 1956, vol. 12, p. 35).

O movimento do cronista pela cidade flagra também uma interessante correlação entre a leitura dos jornais e o espetáculo urbano. De um lado, a imprensa e sua exploração sensacionalista dos crimes e acontecimentos trágicos e de seus personagens; de outro, o intenso desejo de realidade do público que anseia conferir, de perto, as circunstâncias, personagens e a trama, especialmente dos crimes passionais lidos nos jornais. O necrotério transforma-se, assim, em palco de um mórbido e concorrido espetáculo.

> Uma rapariga – nós sabíamos isso pelos jornais – creio que espanhola, de nome Combra, havia sido assassinada pelo amante e, suspeitava-se, ao mesmo tempo *maquereau* dela, numa casa da rua de Sant'Anna.
> O crime teve a repercussão que os jornais lhe deram e os arredores do necrotério estavam povoados da população daquelas paragens e das adjacências do beco da Música e da rua da Misericórdia, que o Rio de Janeiro bem conhece.

No interior da *morgue*, era a frequência algo diferente sem deixar de ser um pouco semelhante à do exterior, e, talvez mesmo, em substância igual, mas muito bem vestida. Isto quanto às mulheres – bem entendido! (BARRETO, *Bagatelas*, 1956, vol. 9, p. 289).

Na cena, o cronista capta a relação entre o discurso jornalístico ou entre a narração e o espetáculo: a notícia sensacionalista realça com traços folhetinescos, detalhes visuais e cinéticos, os acontecimentos, o que incita no público o desejo de ver e sentir a realidade, a visão dos cadáveres, o estado das vítimas, os detalhes violentos. As reportagens de acidentes horríveis e crimes hediondos garantiam atenção e interesse do público, a lotar necrotérios e comprar jornais.

Por meio da crônica, Lima Barreto também realiza uma análise do formato de jornais, suas seções, interesses e temas. Inicia a reflexão apontando que neles há "lacunas" e "demasias" como, por exemplo, a grande quantidade de notícias oficiais – as reportagens de ministérios, extratos de expedientes, relatos de atos de governo e outras –, que constituem "emprego inútil de espaço tão precioso" (BARRETO, *Vida urbana*, 1956, vol. 11, p. 54). Na mesma linha, seguem as críticas aos espaços destinados aos diários sociais, notícias da vida social e aos "binóculos". "Existem a tomar espaço nos nossos jornais, uma outra bobagem. Além desses binóculos, há uns tais diários sociais, vidas sociais etc. Em alguns tomam colunas, e, às vezes, páginas. Aqui nesta *Gazeta*, ocupa, quase sempre, duas ou três" (BARRETO, *Vida urbana*, 1956, vol. 11, p. 54).

Outro aspecto interessante, também presente nas crônicas, trata da projeção no primeiro plano da vida íntima de anônimos, cujas ações, emoções e opiniões tornam-se públicas e são tratadas com relevância por revistas e jornais. "Tipos ricos e pobres, néscios e sábios, julgam que as suas festas íntimas ou os seus leitores têm um grande interesse para todo mundo" (BARRETO, *Vida urbana*, 1956, vol. 11, p. 54). E prossegue chamando a atenção para o excesso de notícias policiais: "Dias há que parecem uma *morgue*, tal é o número de fotografias de cadáveres que estampam, e não ocorre um incêndio vagabundo que não mereça as famosas três colunas – padrão de reportagem inteligente. Não são bem '*Gazeta*' *dos Tribunais*, mas, já são um pouco *Gazeta do Crime* e muito *Gazetas Policiais*" (BARRETO, *Vida urbana*, 1956, vol. 11, p. 55). E lamenta: "Enquanto isso, coisas da própria cidade não são tratadas convenientemente" (BARRETO, *Vida urbana*, vol. 11, 1956, p. 56).

Estaria certo Lima Barreto em suas ponderações? Em parte sim, porque, se por um lado detectou com precisão as inovações no formato e conteúdo dos jornais, talvez, por outro, lhe escapasse a compreensão da profundidade dessas mudanças que estão além do voluntarismo de editores e exclusividade da imprensa carioca. Intelectual humanista e defensor do projeto iluminista de educação universal, inclusive por meio da literatura, sempre manifestou grande preocupação quanto aos efeitos da leitura, ou ausência dela, no Brasil. Por isso, proclama a defesa da militância pela educação e formação do leitor, destinando à literatura a missão de instrumento cognitivo privilegiado, apesar de já suspeitar de seu ilimitado alcance, diante da sedução de tantos outros discursos.

Com o crescimento vertiginoso do espaço urbano já não é mais possível a visão total da cidade, em todo o seu conjunto. Paradoxalmente, cresce o desejo do olhar panorâmico com o auxílio da tecnologia. Mas a crônica vai mostrar a cidade em fragmentos – como registros de cenas para os leitores – desde lugares efervescentes de luxo e esplendor até ruelas, esburacadas, mas quase íntimas e capazes de contar história. Afinal, "a vista não é mais aquilo que se observa com reverência, a distância. Agora está próximo" (PEIXOTO, 1996, p. 130). Serão, portanto, os diferentes flashes de tempos e espaços e, nas crônicas de Lima Barreto, do lugar mais próximo do autor para o geral, do subúrbio para a cidade, da cidade para a história e memória cultural ou vice-versa:

A crônica indica ao leitor nuances de olhar, isto é, sugere como diferentes horas do dia podem afetar a nossa percepção e, por isso, acompanhamos o frescor das feiras livres suburbanas, com "a lindeza de moças e senhoras! Nunca as vi tão lindas nem mesmo na rua do Ouvidor que frequento desde os dezesseis anos quando me matriculei na Escola Politécnica" (BARRETO, *Marginália*, 1956, vol. 12, p. 189). Ou, a hora do auge do centro social da cidade, observando o ponto dos bondes do Jardim Botânico, em plena avenida

Central "lá se reúne tudo o que há de mais curioso na cidade. São as damas elegantes, os moços bonitos, os namoradores, os amantes, os *badauds*, os *camelots* e os sem esperança" (BARRETO, *Vida urbana*, 1956, vol. 11, p. 101). Muito diversa da perspectiva de quem espera o bonde na estrada Real de Santa Cruz, subúrbio distante, de onde é possível ver "toda a miséria que vai por este Rio de Janeiro" (BARRETO, *Marginália*, 1956, vol. 12, p. 90).

Até aqui, passeamos com as crônicas pelo espaço físico da cidade, pelas ruas desenhadas pelo poder econômico e político. Mas, interessa muito ao escritor mostrar a maneira como as pessoas respondem às cenas criadas no espaço urbano.

O trem e os subúrbios

> *Deixava a rua sombreada por amendoeiras, pegava um ônibus até a Central e um trem até o subúrbio. Parava em mais de dez estações, geralmente exasperada. Não deviam chamar de Rio este subúrbio infinito, tão diferente da zona sul.*
>
> Martha Batalha[9]

> *Grito lancinante e cortante debaixo do comboio pesadão que parecia massacrar a linha férrea inerte. Ardoca nascera quase que dentro daquela máquina. Sua mãe, moradora do subúrbio, fazia a viagem diária rumo ao trabalho. Ela grávida, ele estufando na barriga materna respondia aos solavancos do trem com chutes internos. Depois, cá fora, no mundo, no colo da mãe, acordava e chorava durante todo o tempo da viagem. Cresceu em meio aos solavancos, ao empurra-empurra, aos gritos dos camelôs, às rezas dos crentes, às vozes dos bêbados, aos lamentos e cochilos dos trabalhadores e trabalhadoras cansados. Assistiu inúmeras vezes, como testemunha cega e muda, a assaltos, assassinatos, tráfico e uso de droga nos vagões superlotados.*
>
> Conceição Evaristo[10]

---

9. BATALHA, Martha. *Nunca houve um castelo*. São Paulo: Companhia das Letras, 2018, p.134.
10. EVARISTO, Conceição. *Olhos d'água*. Rio de Janeiro: Pallas / Fundação Biblioteca Nacional, 2016, p. 95-96.

É bastante interessante a forma de olhar o subúrbio presente nas crônicas de Lima Barreto, que se apresenta em dois grandes planos. Primeiro, a vista geral da estação de trens que, gradativamente, se estende para as imagens do seu entorno, com detalhamento da vida cultural nas franjas da estação ferroviária, das moradias e, depois, a aproximação de um desenho de certa psicologia dos seus habitantes. Em segundo lugar, há flashes ou fragmentos de vários momentos do dia, e suas variações, a depender do trânsito entre trens e passageiros.

Os eixos ferroviários ligados à antiga estrada de ferro Dom Pedro II, hoje Central do Brasil, foram disseminadores de novos bairros na cidade do Rio de Janeiro, como Méier, Madureira, Cascadura e Engenho de Dentro. A ferrovia Leopoldina deu origem a outros bairros: Leopoldina, Brás de Pina, Bonsucesso, Olaria, Ramos. Todos eles bairros populares habitados por operários, empregados do comércio, funcionários de repartições públicas, pequenos comerciantes, donas de casa, moças casadoiras, biscateiros em geral, naturais da cidade e migrantes de outras regiões do Brasil.

O olhar do cronista, como uma câmera, passeia pelas cercanias da estação ferroviária para mostrar o comércio e o burburinho de feiras e passeios, todos sustentados pela espera do trem, sendo a estação o eixo da vida suburbana. "Nas suas proximidades, abrem-se os armazéns de comestíveis mais sortidos, os armarinhos, as farmácias, os açougues e – é preciso não esquecer – a característica e inolvidável quitanda" (BARRETO, *Feiras e mafuás*, 1956, vol. 10, p. 145).

A primeira parada da viagem de trem, e a do cronista, é o Méier, também ponto inicial de bondes. O movimento do lugar confere o ar de "cidade média" ao bairro.

> É o Méier o orgulho dos subúrbios e dos suburbanos. Tem confeitarias decentes, botequins frequentados; tem padarias que fabricam pães, estimados e procurados; tem dois cinemas, um dos quais funciona em casa edificada adrede; tem um circo-teatro, tosco, mas tem; tem casas de jogo patenteadas e garantidas pela virtude, nunca posta em dúvida, do Estado, e tem boêmios, um tanto de segunda mão; e outras perfeições urbanas, quer honestas, quer desonestas (BARRETO, *Feiras e mafuás*, 1956, vol. 10, p. 146).

Não escapa ao cronista que os bairros suburbanos adquirem as amenidades e benesses da vida moderna, mas também as acompanham os traços indesejáveis da cidade: de padarias e cinemas às casas de jogos. Em meio ao passeio uma interrupção: ele procura refletir junto com o leitor sobre a nomenclatura das casas comerciais suburbanas que passaram a adotar "nomes *chics* da rua do Ouvidor. Há até uma 'Notre Dame' penso eu" (BARRETO, Feiras e mafuás, 1956, vol. 10, p. 146). O escritor reclama da falta de humor e criatividade, como os pitorescos anúncios do passado (casa de pasto "dos Três Irmãos Unidos"), citando para isso bons exemplos como os comentários de Balzac e a famosa anedota[11] contada por Eduardo Prado[12] a partir da leitura de uma tabuleta de anúncio de um sapateiro.

A paisagem humana que compõe as estações e os trens é de enorme interesse para o cronista, atento à psicologia urbana marcada pelo deslocamento geográfico do centro da cidade e equivalente distanciamento social. Para melhor observar, segmenta e concatena os diferentes horários de um dia e os respectivos passageiros, a partir do que considera o melhor horário da estação de trem – das nove às dez horas da manhã – hora de embarque e desembarque "dos empregados públicos, os pequenos advogados e gente que tal" (BARRETO, *Feiras e mafuás*, 1956, vol. 10, p. 148).

11. Lima Barreto reproduz a anedota contada por Eduardo Prado a um repórter, na ocasião do confisco de sua obra *A ilusão americana*, em 1893. "Na minha infância, havia na rua de São Bento um sapateiro que tinha uma tabuleta onde vinha pintado um leão, que, raivoso, metia o dente numa bota. Por baixo lia-se: 'rasgar pode – descoser, não'. Dê-me licença para plagiar o sapateiro e para dizer: Proibir (A *ilusão*) podem, responder, não" (BARRETO, *Feiras e mafuás*, 1956, vol. 10, p. 148).
12. Eduardo Paulo da Silva Prado (1860-1901), advogado, jornalista e escritor, membro fundador da Academia Brasileira de Letras e do Instituto Histórico e Geográfico Brasileiro foi crítico severo da República. O livro *A ilusão americana*, censurado e apreendido pela polícia de São Paulo em 1895, é precursor da linha de pensamento que considera os americanos excessivamente intervencionistas. Seu autor escreveu no prefácio da segunda edição a observação que indica a violência e a opressão ao pensamento como marca da República: "Este despretensioso (sic) escrito foi confiscado e proibido pelo governo republicano do Brasil. Possuir este livro foi delito, lê-lo, conspiração, crime, havê-lo escrito. Eram jovens os nossos bisavós quando foi extinto o Santo Ofício. Desde então, em nosso país, nunca mais o poder ousou interpor-se entre os nossos raros escritores e o seu escasso público. Julgavam todos definitiva esta conquista liberal, mas o governo republicano do Brasil, tristemente predestinado a agir sempre contra a civilização, a todos desenganou. Na República o livro não teve mais liberdade do que o jornal, do que a tribuna, nem mais garantias do que o cidadão" (PRADO, 2003, p. 9).

Como se o leitor fosse companheiro de viagem, o cronista cochicha-lhe ao ouvido, apontando as figuras, seus trajes, trejeitos e meneios, além de levá-lo a ouvir as conversas dos passageiros à espera do trem.

Aquele senhor gordo, que está ali, em pé, fora da cobertura da estação, estudando o ventre e balouçando o chapéu-de-sol, pendente das mãos cruzadas atrás das costas; aquele senhor conversa com aquele outro, esgalgado, ossudo, fardado de cáqui de algodão, com um boné escandalosamente agaloado e um *pince-nez* de poeta romântico, naturalmente sobre coisa de vencimento. Vamos ouvi-lo:

— Como é que eu — diz o pançudo — eu, um alto funcionário do ***, posso ganhar o mesmo que ganhava há dez anos passados? Não é um absurdo? Tudo encareceu, passou ao dobro, ao triplo... Já não digo o armazém. Mas, devido à minha posição, tenho que me apresentar decente na sociedade, eu e meus... No começo deste mês gastei – só em sapatos para a família – cento e oitenta e cinco mil-réis... Pode-se lá viver com oitocentos e poucos mil-réis? Não é possível (BARRETO, *Feiras e mafuás*, 1956, vol. 10, p. 149).

Mais do que observar, na conversa, as dificuldades quanto aos salários o cronista aponta a pose e a prosápia dos funcionários das repartições republicanas – contínuos do Senado – que também apelam, para a construção da própria imagem, à valorização da formatura, dos anéis e diplomas e o saber de verniz. Essa caracterização é generalizada para os brasileiros cuja vaidade se completa na ostentação do domínio da língua portuguesa, sendo até capazes de corrigir Camilo Castelo Branco e Camões.

O brasileiro é vaidoso e guloso de títulos ocos e honrarias chochas. O seu ideal é ter distinções de anéis, de veneras, de condecorações, andar cheio de dourados, com o peito *chamarré d'or*, seja da Guarda Nacional ou da atual segunda linha. Observem. Quanto mais modesta for a categoria do empregado – no subúrbio pelo menos – mais enfatuado ele se mostra. Um velho contínuo tem-se na conta de grande e imensa coisa, só pelo fato de ser funcionário do Estado, para carregar papeis de um lado para outro; e um simples terceiro oficial que a isso chegou por trapaças de transferências e artigos capciosos nas reformas, partindo e "servente adido à escrita" age que nem um diretor notável, quando compra, se o faz, a passagem no *guichet* da estação. Empurra brutalmente os outros, olha com desdém os mal vestidos, bate nervosamente com os níqueis... A sua pessoinha vaidosa e ignorante não pode esperar que uma preta velha compre uma passagem de segunda classe (BARRETO, *Feiras e mafuás*, 1956, vol. 10, p. 151).

Além de trazer o leitor para dentro das cenas, o cronista recorre à caricatura, ampliando traços do rosto, gestos e atitudes além de flagrar os diálogos e as poses. "O trem não chegava e os dois conversavam. Um, o 'preparado', tinha um pequeno *cavaignac* pontiagudo e curto, 'mosca', uma cara de máscara de papelão, com seu nariz adunco, olhos empapuçados, saltando-lhe das órbitas, e uma tinta ocre de tez" (BARRETO, *Feiras e mafuás*, 1956, vol. 10, p. 152).

Uma das interessantes estratégias do cronista Lima Barreto apresenta-se no texto a seguir: em meio à narração da cena banal do cotidiano introduz-se uma dura crítica social que permite uma reflexão além da situação visível. Isto é, há um aprofundamento temporal e axiológico: a problematização de valores da classe média na história cultural brasileira.

Em "O trem dos subúrbios", crônica do volume *Feiras e mafuás*, o escritor compara a expressão e ambiência dos passageiros de vagões de terceira classe, representados no álbum de desenhos de Daumier[13], aos vagões de trens cariocas. Lima Barreto comenta as suas impressões sobre o desenho do pintor francês: "aquelas caras tristes, tangidas pela miséria, oprimidas pelo exaustivo trabalho diário; aquele cachimbar de melancolias; aquelas mulheres com xales à cabeça, e magras crianças ao colo – tudo aquilo me ficou" (BARRETO, *Feiras e mafuás*, 1956, vol. 10, p. 241). Impressionou o escritor a ambiência de resignação e tristeza perante a miséria, o sofrimento, a opressão. Mas, ao representar a primeira classe dos trens dos subúrbios cariocas o escritor ironiza o que chama de presunção, pedantismo, arrogância e desdém dos "magnatas" suburbanos, destacando a variedade da indumentária, "merecedora de um lápis".

13. Honoré-Victorien Daumier (1808-1879) foi um caricaturista, desenhista, litógrafo, pintor e ilustrador francês. A obra a que se refere a crônica *Le wagon de troisième classe* (1863-1865) demonstra sua opção de tratar da desigualdade e injustiça social. Imagem disponível em: http://tpe-image.over-blog.com/article-27330549.html. Acesso em: 28 jun. 2019.

Aquelas crioulas e mulatas inteiramente de branco, branco vestido, meias, sapatos, ao lado de portugueses ainda com restos de vestuários da terra natal; os uniformes de cáqui de várias corporações; os em mangas de camisa e algum exótico jaquetão de inverno europeu, acompanhado do indefectível cachimbo – tudo isso forma um conjunto digno de um lápis ou de um pincel (BARRETO, *Feiras e mafuás*, 1956, vol.10, p. 242).

A sequência toda da crônica se desenvolve apresentando uma pintura de costumes e atitudes dos homens, com acento para as pequenas ficções que tecem para si mesmos – configurando sua identidade e o espaço em que vivem – e nas quais projetam seus sonhos e ideais.

De uma instrução descuidada, senão rudimentar, eles não se querem sujeitar às colocações de que são merecedores naturalmente. Querem mais acima do que sabem e do que podem desempenhar na vida. O alvo deles, em geral, são os diversos departamentos da estrada de ferro Central do Brasil. O candidato suburbano de emprego público pensa sempre na Central, para salvá-lo e dar-lhe estabilidade na existência. Um bonezinho de auxiliar (condutor de trem) ou de conferente é a meta dos seus sonhos: e é, para ele, quase como o chapéu armado de general com o seu respectivo penacho (BARRETO, *Feiras e mafuás*, 1956, vol. 10, p. 244).

Novamente aproxima o ouvido do leitor à conversa dos passageiros para ouvir suas histórias de exaltação dos cargos e funções que exercem, em geral obtidos por favores, figuras que se tornam invisíveis quando a viagem termina na região central da cidade. Por isso, o cronista argumenta que o trem é o melhor espaço para melhor visualização de seus contornos. "Eles estão na atmosfera própria que os realça desmedidamente. Chegam à rua do Ouvidor e desaparecem" (BARRETO, 1956, *Feiras e mafuás*, vol. 10, p. 242). Por isso, insiste em chamar a atenção do leitor ou leitores para o que observa, mantendo o tom de interlocução direta.

Os senhores estão vendo aquele cidadão grave que fala com a sisudez de um sábio da Grécia e não se cansa de aludir ao cargo que ocupa, sabem como ele arranjou tal lugar? Não sabem. Pois eu sei. Ele queria ocupá-lo, mas o emprego era de concurso. O tal cidadão, que fala tão imponentemente de importantes questões administrativas é quase analfabeto. Que fez ele? Arranjou servir adido à repartição que cobiçava, deixando o lugar obscuro que ocupava, numa repartição obscura do mesmo ministério. Tinha fortes pistolões e obteve [...] Está aí donde vem a importância do homenzinho que não cessa de falar como um orador (BARRETO, *Feiras e mafuás*, 1956, vol. 10, p. 243).

Os personagens dos subúrbios expressam os valores tradicionais, depositados no imaginário e em movimento no dia a dia, tais como o saber mitificado, a aparência de prestígio e poder, o desejo de estabilidade como produto do acaso, da sorte, sem exigir competência e talento, apenas a segurança do privilégio. De certa forma, reproduzem a contradição da elite econômica e política que preconiza um discurso progressista, acreditando-se moderno e democrático, mas fundado em bases oligárquicas e corporativas.

É interessante observar o diálogo da crônica com a quantidade de personagens, na obra de Lima Barreto, que transitam, convenientemente, entre o que dizem as aparências, seus reflexos projetados no dia a dia e aquilo que, de fato, é possível ser, exercitando o melhor da máxima: não é preciso falar javanês, fazer de conta já é suficiente. São os muitos generais sem guerra, sábios que não leem, almirantes sem navios, burocratas que se julgam autoridades. Todos possuem um jargão, uniforme ou diploma que os caracteriza e define, porém, sua prática ludibria a aparência.

Não significa dizer, por exemplo, que os personagens militares possuem o uniforme, apenas, como ornamento. Tanto o uniforme ou a máscara quanto outro predicativo (anel, diploma) incorpora-se como necessário e inerente à identificação. O sentido correspondente é outro, e é a este deslocamento de sentido que é preciso estar atento ou apto a compreender como norma, regra e não exceção.

Há também personagens que abrem uma janela, pela imaginação, para sobreviver em uma cultura de limitadas condições de ascensão social, como os protagonistas dos contos "Um músico extraordinário" ou o famoso Sr. Castelo, de "O homem que sabia javanês". Todos possuem em comum a perspicácia para atuar, sem remorso ou culpa, em diálogo com as imagens de sucesso, modernidade, realização: sabem que tanto a sua atuação individual, quanto a organização social projetam imagens de êxito, com esdrúxulos pés de barro, garantindo um espaço rico para uma atuação convincente.

De volta ao trem, o cronista destaca o que chama de momento mais pitoresco do dia na estação, o das paqueras ferroviárias, nas primeiras horas da tarde, em que as moças "passeadeiras" descem até a cidade e os rapazes "põem-se na plataforma, a fazer gatimanhas, para chamar a atenção da deidade" (BARRETO, *Feiras e mafuás*, 1956, vol. 10, p. 244).

Típico do comportamento do homem moderno na vida urbana, a atenção do cronista não se fixa por muito tempo em um só ponto, e seu olhar acompanha rápido a imagem de "uma menina que passava carregando uma caixa de violino, um rolo de música e um livro. Passou bem junto a mim e pude ler a lombada do livro: *A toutinegra do moinho*.[14] Pobre moça! Lê Montepin e vai para o Instituto de Música! Pra que! No instituto, só têm talento musical as moças ricas e bem aparentadas..." (BARRETO, *Feiras e mafuás*, 1956, vol. 10, p. 154).

Vale prestar atenção aqui para outro aspecto de Lima. A observação despretensiosa dialoga com temas presentes em contos e romances e esboça uma crítica cultural. Sugere, aqui, a precária formação e educação da mulher, toda voltada para o casamento como única opção de realização pessoal e êxito social. A predominância feminina nos conservatórios musicais, desde o último decênio do Império, é relevante como uma preparação voltada à docência, tida como atividade apropriada às mulheres. Ainda assim, casamento e carreira são vistos como atividades incompatíveis. Para Lima Barreto, a formação das musicistas "limita-se a repetir, trilhando os caminhos batidos. Não há invento ou novidade" (BARRETO, *Feiras e mafuás*, 1956, vol. 10, p. 154). Além disso, à mulher pobre, negra ou mulata, as portas para as oportunidades de desenvolver algum talento estariam antecipadamente fechadas. Muitos de seus contos e romances aprofundam essa questão.

---

14. O autor da obra é Emilio de Richebourg (1833-1898), criador de romances-folhetins de sucesso estrondoso. Suas obras foram traduzidas e publicadas em jornais e revistas brasileiras. O cronista atribui a autoria a outro romancista popular de sucesso, Henry Xavier Amon Perrin, conde de Montépin (1823-1902).

Vale notar que a República não desenvolveu papel significativo na democratização da cultura e, apesar do liberalismo, deixava larga margem de atuação à Igreja Católica que, acostumada a desenvolver as tarefas educacionais, tornou-se beneficiária da consagração da liberdade de ensino.

> Nestas condições [...] em que a Igreja levava extraordinárias vantagens, a mulher, elemento heterônomo econômica, social e culturalmente, formaria os grandes contingentes disciplinares dos colégios religiosos que, por não serem gratuitos, marginalizavam do processo educacional amplas camadas da população nacional, repercutindo, pois, seriamente, na instrução da população feminina (SAFFIOTI, 2013, p. 305).

Para terminar o passeio na estação de trem, o cronista apresenta a máquina, a locomotiva, cuja imagem é a síntese da modernidade e do consumo, desde o final do século XIX. O movimento, a velocidade, a força são atributos que veiculam o trem à vida moderna, sendo também um dos responsáveis por nova percepção do espaço-tempo, atuando como disseminador de mercadorias e de novos elementos de sociabilidade.

É muito interessante o movimento de distância e proximidade que o narrador realiza. Aproxima-se da máquina a ponto de sentir o bafejo de fumaça e vapor. Depois, mergulha no tempo para, diante daquele objeto poderoso e estranho, como um monstro, buscar na memória cultural algo semelhante em força e dinamismo para comparação. Nada encontra.

> A locomotiva veio beirando a plataforma, maciamente, obediente à curva dos trilhos e à mão do maquinista. Passou por mim arfando. Vi bem de perto aquele monstro negro, com manchas amareladas de cobre, dessorando graxa, azeite, expectorando fumaça e vapor. Recordei-me dos animais antediluvianos, do megatério, de todos esses bichos disformes de épocas longínquas. Nenhum se parecia com aquele que passara pelos meus olhos, no momento... É um monstro sem parentes na natureza; é um parto teratológico da inteligência humana (BARRETO, *Feiras e mafuás*, 1956, vol. 10, p. 155).

Curiosa também é a relação que estabelece entre a locomotiva e o tempo. Máquina feita para "tragar distância", como metáfora para a velocidade, pode também sugerir a repetição e monotonia, quando é obrigada a parar de quinze em quinze minutos a cada estação, numa rotina exaustiva e sempre igual, como uma espécie de "falha" no seu destino.

> Não pode correr à vontade, não pode voar, resvalando pelo solo como as emas, não pode tragar o espaço... Tem que economizar a sua força e a sua velocidade, a fim de estar sempre pronto a parar nas estações, de quinze em quinze minutos, às ordens do horário (BARRETO, *Feiras e mafuás*,1956, vol. 10, p. 155).

O trem também se associa a outro símbolo de modernidade, o cinema. O movimento os une. Como meio de transporte o trem aumentou a mobilidade e proporcionou a experiência sensorial de velocidade como uma nova maneira de vivenciar a paisagem em movimento. O cinema auxiliou a reproduzir a mesma sensação de velocidade como uma nova forma de percepção visual e cinética. O tema do trem é frequente nos pequenos filmes do chamado primeiro cinema.

E o olhar do cronista Lima Barreto está contaminado de técnica, isto é, as suas crônicas quando mostram o trem e a estação adotam o ponto de vista muito difundido, desde o final do século XIX, nas imagens do cinematógrafo e na pintura. Trata-se de mostrar a estação do ângulo de quem espera o trem, na perspectiva de um narrador onisciente, que dialoga muito com o leitor sobre suas impressões, mostrando ao mesmo tempo a perspectiva do trem e a dos passageiros que o aguardam. Esse tipo de ângulo está presente em *L'Arrivée d'un train en gare de La Ciotat* (1895), um dos primeiros filmes dos Irmãos Lumière e *Arrive d'un train* (1896), *flipbook* atribuído a Georges Méliès, além de *Gare Saint-Lazare*, de Claude Monet óleo sobre tela, de 1877, exposta no Musée D'Orsay.

> Em oposição, temos a segunda experiência com trens de Méliès, essa mais radical. Em 1898, o ilusionista colocou a câmera sobre a locomotiva em seu *Panorama pris d'un train en marche*. O cineasta trocou o ponto de vista convencional e expositivo para posicionar nosso olhar em uma situação insólita para a maioria dos espectadores – o olhar do próprio trem. As paisagens

todas escorrem para fora do quadro, pelos cantos da imagem, dando lugar aos novos ambientes por onde passam os trilhos (GIO, 2016).

Em crônicas e muitos contos e romances de Lima Barreto, o olhar do narrador associa-se "ao olhar do próprio trem", quando à janela, a experimentar o vento e a velocidade, observa a paisagem: "O aspecto desordenado dos subúrbios ia se desenrolando aos meus olhos" (BARRETO, *Feiras e mafuás*, 1956, vol. 10, p. 296). Apesar de a velocidade do trem não combinar com o ritmo mais lento da recordação, quando o cronista viaja para além dos limites da cidade do Rio de Janeiro, recupera dados da história cultural e registra a alteração das sociabilidades, a partir da moda de vestuário para viajar de trem. Saem os antigos guarda-pós, usados para proteger as roupas da poeira da viagem. Agora a "moda pede que não se os use e exige até que se viaje com roupas caras e finas" (BARRETO, *Marginália*, 1956, vol. 12, p. 50).

Assim como a moda e os jornais, o cinematógrafo constituía a atração com a finalidade de provocar, de maravilhar e produzir espanto por meio de trucagens, aparições e desaparições, explosões, sucessão intermitente de imagens; os atores apresentavam olhares, piscadelas e interpretações com gestos estilizados e afetados, sempre de frente para o público ou se dirigindo à câmera. O mais importante: com precária, ou mesmo ausência, de narração. Coerente, por um lado, às demais atrações do espetáculo popular e de variedades de que fazia parte, sendo que, por outro, é o cinema que mostra sua visualidade própria (COSTA, 2005, p. 52).

Lima Barreto escreveu pouco sobre o cinema, talvez por não ser frequentador das salas escuras, mas incorporou, nas suas crônicas, a apreensão do movimento. Registra observações sobre a fase posterior do sucesso dos cinematógrafos: a dos filmes com narrativas ou fase de domesticação, isto é, o processo de integração do cinema a uma cultura dominante que, segundo a pesquisadora Flávia Costa, "caracteriza-se por um processo de homogeneização na representação do espaço e do tempo, como um processo de enquadramento de forças divergentes, de fabricação de personagens sem ambiguidade, de finais felizes necessários" (2005, p. 69). O resultado está no controle dos movimentos descontínuos dos filmes de trucagem com uma moralização das trajetórias.

E todas essas fitas americanas são brutas histórias de raptos, com salteadores, ignóbeis fantasias de uma pobreza de invenção de causar pena, quando não são melodramas idiotas que deviam fazer chorar as criadas de servir de há quantos anos passados.

Apesar disso tudo, é na assistência delas que nasce muito amor condenado. O cadastro policial registra isso com muita fidelidade e frequência (BARRETO, *Coisas do reino de Jambon*, 1956, vol. 8, p. 106).

Muito interessante a associação feita pelo cronista entre as fitas em exibição e o conteúdo melodramático e folhetinesco que, paradoxalmente, sempre marcou a formação das jovens brasileiras. Uma rede sutil de poder que alimenta sonhos de realização social e subjetiva, de felicidade mesclada ao reconhecimento, em muitas esferas é desenhada pelo romance no diálogo com o folhetim, através das histórias de amor, a preencher o imaginário de rapazes e moças de distintas classes sociais. Alimenta-se, entre outras coisas, a ilusão de felicidade e êxito social possível a todos, pelo amor, através da prática de valores, dos sentimentos e do consumo estético. Como analisou Siegfried Kracauer,[15] "a sociedade é muito poderosa para tolerar películas diferentes daquelas que lhe convém. O filme precisa espelhar essa sociedade, quer queira, quer não" (2009, p. 312).

---

15. Siegfried Kracauer (1889, Frankfurt; 1966, Nova York). Arquiteto de formação, abandonou a profissão em 1920 para dedicar-se ao jornalismo cultural. Trabalhou como pesquisador em várias instituições como o Museum of Modern Art de Nova York e a Columbia University. Suas obras problematizam as tensões históricas do entreguerras com olhar arguto para o que denominou manifestações inconscientes da história pouco consideradas, até então, pelo pensamento crítico como o cinema, a fotografia, o *best-seller*, as coreografias sincronizadas, o turismo. Entre suas obras mais conhecidas está *De Caligari a Hitler – Uma história psicológica do cinema alemão* (1947).

Crônica e memória cultural

> Era às seis da tarde, defronte do mar. Já o sol morrera e os espaços eram pálidos e azuis. As linhas da cidade se adoçavam na claridade de opala da tarde maravilhosa. Ao longe, a bruma envolvia as fortalezas, escalava os céus, cortava o horizonte numa longa barra cor de malva e, emergindo dessa agonia de cores, mais negros ou mais vagos os montes, O Pão de Açúcar, S. Bento, o Castelo apareciam num tranquilo esplendor. [...] A aragem rumorejava em cima a trama das grandes mangueiras folhudas, dos tamarindeiros e dos flamboyants, e a paisagem tinha um ar de sonho. Não era a praia dos pescadores e dos vagabundos tão nossa conhecida, era um trecho de Argel, de Nice, um panorama de visão sob as estrelas douradas.
>
> João do Rio[16]

Em seus deslocamentos pela cidade, o olhar do cronista Lima Barreto ganha profundidade espacial e temporal, ao caminhar pelos subúrbios, observando, entre outras coisas, os cortejos fúnebres de Inhaúma. O ambiente quase rural contamina a sua sensibilidade e a parada fortuita num botequim permite a fruição da paisagem que ganha movimento, luz, cor e, sobretudo, elos de memória.

> Em geral assisto à passagem desses cortejos fúnebres na Rua José Bonifácio canto da Estrada Real. Pela manhã gosto de ler os jornais num botequim que há por lá. Vejo os Órgãos, quando as manhãs estão límpidas, tintos com a sua tinta especial de um profundo azul-ferrete e vejo uma velha casa de fazenda que se ergue bem próximo, no alto de uma meia laranja, passam carros de bois, tropas de mulas com sacas de carvão nas cangalhas, carros de bananas, pequenas manadas de bois, cujo campeiro cavalga atrás sempre com o pé direito embarralhado em panos.
>
> Em certos instantes, suspendo mais demoradamente a leitura do jornal, e espreguiço o olhar por sobre o macio tapete verde do capinzal intérmino que se estende na minha frente.

---

16. RIO, João (João Paulo Emílio Cristóvão dos Santos Coelho Barreto). *A alma encantadora das ruas*. São Paulo: Martin Claret, 2009, p. 91.

Sonhos de vida roceira me vêm; suposições do que aquilo havia sido, ponho-me a fazer. Índios, canaviais, escravos, troncos, reis, rainhas, imperadores – tudo isso me acode à vista daquelas coisas mudas que em nada falam do passado.

De repente, tilinta um elétrico, buzina um automóvel, chega um caminhão carregado de caixas de garrafas de cerveja; então, todo o bucolismo do local se desfaz, a emoção das priscas eras em que os coches de Dom João VI transitavam por ali, esvai-se e ponho-me a ouvir o retinir de ferro malhado, uma fábrica que se constrói bem perto.

Vem porém o enterro de uma criança; e volto a sonhar (BARRETO, *Feiras e mafuás*, 1956, vol.10, p. 288).

A natureza visível com todo o seu dinamismo faz uma interessante analogia com os sentimentos do observador cronista: o impacto multissensorial da paisagem evoca, a partir do sonho, lembranças, traços da memória coletiva. O resultado revela uma sobreposição espaço-temporal com índios, canaviais, escravos, automóveis e coches de Dom João VI.

O cronista aproxima-se assim do romancista, por meio da percepção do instante, frágil e fugidio, capaz de integrar camadas de tempo nos cenários da cidade. Processo que exige uma outra sintaxe para registrar os abalos e impressões da cidade, e de seus habitantes, mas também desenha as tensões, sentimentos e inquietudes urbanos que habitam no observador. Tudo intensificado com a exploração dos recursos visuais comuns à sua época como o panorama, a fotografia e o impressionismo literário.

Vale ressaltar que o impressionismo literário não é a mera transposição das estratégias da pintura. Sugere o efeito de experiência sensorial imediata, percepção fragmentada do indivíduo, aprofundamento psicológico das personagens, narrador com percepção restrita dos temas, o que projeta o leitor na mesma posição ou visão dos personagens. Interessante processo de experimentação na narrativa que acentua a percepção do dinamismo da vida urbana.

Na crônica "De Cascadura ao Garnier", Lima Barreto mostra o trajeto do bonde do subúrbio para o centro da cidade em vários planos de visibilidade. No primeiro plano, a saída de Cascadura com o veículo comandado por "titio Arrelia" soltando pilhérias e o estribilho "é pau", para espantar a molecada que insiste em subir no bonde em movimento. No segundo plano, quanto mais corre o bonde, mais o narrador aprofunda a reflexão no passado, no contínuo processo de abandono e renovação "da trilha lamacenta que [...] viu carruagens de reis, de príncipes e imperadores. Veio a estrada de ferro e matou-a, como diz o povo. [...] A Light, porém, com seu bonde de 'Cascadura' descobriu-a de novo e hoje, por ela toda, há um sopro de renascimento, uma palpitação de vida urbana..." (BARRETO, *Marginália*, 1956, vol. 12, p. 83). No terceiro plano, a chegada ao largo de São Francisco, quando o condutor "titio Arrelia" perde a alegria e espontaneidade e limita-se muito "civilizadamente a tanger o tímpano regulamentar" (BARRETO, *Marginália*, 1956, vol. 12, p. 84). Ainda nesse plano, o narrador desce do bonde e entra numa livraria. Então, acentua-se o imbricamento do passado no presente, do antigo no moderno, de atraso e civilização nos versos do poeta que, apesar de estar no templo da sofisticação moderna da vida literária, a livraria Garnier, recita versos do romântico Casimiro de Abreu.[17]

> Entro na Garnier e logo topo um poeta, que me recita:
> "*Minh'alma é triste como a rola aflita* etc"
> Então de novo me lembro da Estrada Real, dos seus porcos, das suas cabras, dos seus galos, dos capinzais... (BARRETO, *Marginália*, 1956, vol. 12, p. 84).

Assim, não é somente a cidade que se divide, como espaço economicamente valorizado e socialmente demarcado, no ritmo da ordem violenta e do progresso em nome da civilização. São os sujeitos que se encontram, de almas partidas e olhos extasiados, diante do cenário exposto nas ruas e dos objetos que parecem ganhar vida nas vitrines. O resultado é a insegurança de serem, eles mesmos, objetos em exposição na avenida.

---

17. Trata-se do primeiro verso do poema "Minh'alma é triste" escrito em 1858 por Casimiro de Abreu, um dos mais recitados e populares poetas do Romantismo no Brasil, autor de *Meus oito anos, Canção do Exílio*, entre outros. A estrofe completa é: "Minh'alma é triste como a rola aflita/ Que o bosque acorda desde o alvor da aurora,/ E em doce arrulo que o soluço imita/ O morto esposo gemedora chora" (ABREU, 1961, p. 209).

Crônica debate: feminicídio

> 26 de julho... Era (sic) 19 horas quando o senhor Alexandre começou a brigar com sua esposa. Dizia que ela havia deixado seu relógio cair no chão e quebrar-se. Foi alterando a voz e começou a espancá-la. Ela pedia socorro. Eu não imprecionei (sic), porque já estou acostumada com os espetáculos que ele representa. A Dona Rosa correu para socorrer. Em um minuto, a notícia circulou que um homem estava matando a mulher. Ele deu-lhe com um ferro na cabeça. O sangue jorrava. Fiquei nervosa. O meu coração parecia a mola de um trem em movimento. Deu-me dor de cabeça.
>
> Carolina Maria de Jesus[18]

Lima Barreto já foi tido como misógino e avesso a relacionamentos afetivos, impressões que foram transmitidas pela leitura de suas obras. Mas, logo na análise de suas crônicas já podemos perceber o escritor sensível à importância das mulheres no conjunto social e à necessidade de serem respeitadas em sua individualidade. Por isso, lutou contra a educação sentimental feminina, a educação para o consumo e a falta de projeção de independência em esfera diferente do casamento, a que todas pareciam naturalmente predestinadas.

No volume *Vida urbana*, aborda a questão delicada de assassinato de mulheres, o que, hoje, chama-se feminicídio. "Eu não me cansarei de protestar e de acusar esses vagabundos matadores de mulheres, sobretudo, como no caso presente, quando não têm nem a coragem de seu crime" (BARRETO, *Vida urbana*, 1956, vol. 11, p. 139). Afinal, argumenta: "A mulher não é propriedade nossa e ela está no seu pleno direito de dizer donde lhe vêm os filhos" (BARRETO, *Vida urbana*, 1956, vol. 11, p. 139).

O escritor luta com veemência contra o sentimento de propriedade que parecia arrefecido, mas que retorna com força no início do século. Defende para a mulher o direito de escolher a quem amar, ou desejar, como premissa básica de civilização e humanidade. E, assim, considera inaceitável a compreensão de que as mulheres não estejam sujeitas, como

---

18. JESUS, Carolina Maria de. *Quarto de despejo*. Diário de uma favelada. São Paulo: Ática, 2001, p. 162.

todo ser humano, "a influências várias que fazem flutuar as suas inclinações, as suas amizades, os seus gestos, os seus amores" (BARRETO, *Vida urbana*, 1956, vol. 11, p. 84). Não considerar tal aspecto é, no mínimo, selvageria. E, então, conclama aos leitores: "Deixem as mulheres amar à vontade. Não as matem, pelo amor de Deus!".

Toda essa batalha assumida pelo escritor começou a partir do reconhecimento de um erro. Como é frequente em suas crônicas, aproveita-se dos temas do cotidiano para inserir aspectos de autobiografia. É o que acontece em "Os uxoricidas e a sociedade brasileira" quando informa ao leitor já ter feito uma publicação, também crônica, com o pseudônimo de Doutor Bogoloff, em *A Lanterna*, em 28 de janeiro de 1918, e nela expunha um grande arrependimento. Havia participado como júri do julgamento de um uxoricida e, movido pelos lamentos da mãe do assassino e da argumentação da defesa, terminou por absolvê-lo. Depois de confessar esse sentimento de culpa, Lima Barreto decide começar uma campanha contra o assassinato de mulheres. Oferece, então, interessantes argumentos para contrapor-se à tradição de "lavar a honra" com a morte.

Coerente à sensibilidade de seu tempo e de suas leituras, entre elas as obras de Nietzsche, Lima Barreto aponta a multiplicidade, o movimento e a variação como parte da identidade dos sujeitos.

> Estamos a toda hora mudando; não só nós, como a própria natureza. As variações do nosso eu, de segundo para segundo, são insignificantes; mas em horas, já são palpáveis; em meses, já são ponderáveis; e, em anos, são consideráveis. Não é só o nosso corpo que muda; mas também é o nosso espírito e o nosso pensamento. Que se dirá, então, no tocante às nossas inclinações sentimentais, e, sobretudo, nesta parte tão melindrosa de amor, no que se refere à mulher? (BARRETO, *Bagatelas*, 1956, vol. 9, p. 172).

Acrescenta a isso a fragilidade da educação sentimental das jovens, feita com base em romances-folhetins e modinhas, que casam-se muito cedo sem qualquer perspectiva de realização pessoal ou profissional além do casamento. Este se torna destino e prisão. Nessa linha sua crônica oferece uma abordagem cultural sobre amor, educação, mulher e casamento.

> Em geral, na nossa sociedade burguesa, todo o casamento é uma decepção. É, sobretudo, uma decepção para a mulher. A sua educação estreitamente familiar e viciada pelas bobagens da instrução das Doroteias (jesuítas de saia) e outras religiosas; a estreiteza e monotonia de suas relações, numa única classe de pessoas, às vezes mesmo de uma só profissão, não dão às moças, que, comumente se casam em verdes anos, critério seguro para julgar os seus noivos, senão os exteriores da fortuna, títulos, riqueza e um nome mais assim.
>
> Mas quando eles se despem, um diante do outro; quando eles consumam o ato do casamento; a mulher ganha logo um outro sentido, muda não só de corpo, ancas, seios, olhar etc, mas de inteligência e pode julgar então, com muita penetração, o que é e vale o seu senhor para toda a vida. O menor defeito dele, devido ao sentimento de perpetuidade de sua submissão àquele homem, amplia-se muito; e ela se aborrece, sente a longa vida que ainda tem de viver, sem uma significação qualquer, sem sentido algum, sem alegria, sem prazer. O homem quando chega a esse semianiquilamento da Esperança, tem o álcool, a orgia, o deboche, para se atordoar; a mulher só tem o amor. Vai experimentar e às vezes é feliz (BARRETO, *Bagatelas*, 1956, vol.9, p.173).

Para Lima Barreto, na sociedade patriarcal os homens não receiam sofrer pelo remorso de cometer um homicídio, mas temem "os boquejos das esquinas, das confeitarias, dos botequins" ou "o pavor pusilânime do cochicho da maledicência" (BARRETO, *Bagatelas*, 1956, vol.9, p. 175), enfim, sofrem do terror do que pensam ser ridículo, o que os leva a cometer assassinato.

Se nas sociedades arcaicas toda a violência era justificada em nome da honra, pergunta o cronista: "pode-se admitir isso, atualmente?" (BARRETO, *Bagatelas*, 1956, vol. 9, p. 168). Apresenta em seguida o debate sobre a tentativa de se legalizar o crime em torno do rótulo "crime passional", incitando o leitor a opinar.

> Como diz o senhor que o assassinato foi consequência do "desespero que se não domina, do ato reflexo que se não contrai"? Curiosa espécie de desespero é esse que, primeiramente, faz a seu portador ir pacientemente à cidade comprar revólver, para depois emitir ele o ato reflexo que não pode contrair, sob o império da paixão cega! [...] Todos, ou quase todos, esses crimes por

adultério, bem analisados, resultam na convicção de que são perfeitamente premeditados [...] (BARRETO, *Bagatelas*, 1956, vol. 9, p. 175).

Não deixa de ser muito interessante pontuar a observação do cronista quando em um necrotério – o local que expõe, como num palco, as mortes que haviam sido descritas em detalhes nos jornais – testemunha os comentários "bem duros e crus" de muitas mulheres acerca da assassinada. Tristemente é possível ver como as lentes que se impõem, como norma e controle, são as mesmas pelas quais as pessoas se veem. A questão é, portanto, muito mais complexa do que aparenta e de novo a educação recebida é fator significativo.

> O necrotério era no largo da Batalha, e, ao redor, havia um poviléu de lavadeiras, cozinheiras, de desgraçadas raparigas na mais ínfima degradação social etc etc. Pois bem: dos grupos de raparigas dessa natureza, só se ouvia a condenação da *rodêuse* assassinada que elas julgavam casada com o seu assassino, e isto em termos bem duros e crus, mas que eu posso pôr aqui em mais corteses: "Bem feito! Porque ela foi enganar o marido!" (BARRETO, *Bagatelas*, 1956, vol. 9, p. 173).

Quando observamos a realidade contemporânea, no ano de 2019, soam ainda muito pertinentes, e úteis, os argumentos do cronista carioca porque como no início do século XX "as constantes absolvições de uxoricidas dão a entender que a sociedade nacional, por um dos seus mais legítimos órgãos, a admite como normal e necessária" (BARRETO, *Bagatelas*, 1956, vol. 9, p. 171).

Por que ler as crônicas

> *Ora, pois, a palavra, esse dom divino que fez do homem simples matéria organizada, um ente superior na criação, a palavra foi sempre uma reforma. Falada na tribuna é prodigiosa, é criadora, mas é o monólogo; escrita no livro, é ainda criadora, é ainda prodigiosa, mas é ainda o monólogo; esculpida no jornal, é prodigiosa e criadora, mas não é o monólogo, é a discussão.*
>
> Machado de Assis[19]

Suas crônicas apresentam grande variedade de temas e formatos. Há a crônica que comenta as notícias dos jornais e acontecimentos cotidianos, o que permite um painel dinâmico do período. Há a crônica que toma a notícia como pretexto para reflexões de ordem filosófica e cultural, criando elos de memória e história. Há a crônica que discute as questões de valores, afetos e identidades e seus temas vão do feminicídio ao racismo, da burocracia à violência do Estado. Tratam da instrução pública e da leitura e, sobretudo, do papel da literatura frente a outras linguagens e tecnologias.

Para desenvolvê-las, Lima Barreto dialoga com as técnicas de imagem e procura afetar, provocar e tocar o leitor, desautomatizando seu olhar. Muitas vezes recorre à conversa ao pé do ouvido ou à camaradagem de mesa de botequim e, em outras ocasiões age como testemunha dos acontecimentos na rua e na história, com o olhar impregnado das novas técnicas de ver. O resultado é a empatia com o leitor, privilegiado por encontrar nas crônicas o caleidoscópio de um período, ou de uma cidade, com suas tensões, alegrias, dores e impasses que ainda alcançam nossos dias.

À primeira vista destinadas à efemeridade, mesmo em livro, as crônicas de Lima Barreto, por meio da elaboração da linguagem, pela força crítica, pela intertextualidade que estabelecem com as obras e personagens do escritor e com a vida cultural, tornam-se forma de conhecimento. Permitem compreender o rico diálogo entre literatura e técnica, nas primeiras décadas do século XX, assim como os interstícios e sutilezas de nossa realidade e nossa história.

---

19. ASSIS, J. M. Machado de. A reforma pelo jornal. Miscelânea. In: *Machado de Assis. Obra Completa*. Rio de Janeiro: Editora Nova Aguilar, 1986, v. 3, p. 963.

CONTO

Nós não temos mais tempo nem o péssimo critério de fixar rígidos gêneros literários, à moda dos retóricos clássicos com as produções do seu tempo e anteriores. Os gêneros que herdamos e que criamos estão a toda hora a se entrelaçar, a se enxertar, para variar e atrair.

Lima Barreto*

---

* BARRETO, Afonso Henriques de Lima. Impressões de Leitura. In: *Obras de Lima Barreto*. São Paulo: Brasiliense, 1956, vol.13, p.116.

"Um especialista" ou a "mulata" e a tradição

> *Era uma prisioneira – era uma escrava! Foi embalde que supliquei em nome de minha filha [...]. Meteram-me a mim e a mais trezentos companheiros de infortúnio e de cativeiro no estreito e infecto porão de um navio. Trinta dias de cruéis tormentos, e de falta absoluta de tudo quanto é mais necessário à vida passamos nessa sepultura até que abordamos as praias brasileiras.*
>
> *Para caber a mercadoria humana no porão fomos amarrados em pé e para que não houvesse receio de revolta, acorrentados como os animais ferozes de nossas matas, que se levam para recreio dos potentados da Europa.*
>
> *Davam-nos a água imunda, podre e dada com mesquinhez, a comida má e ainda mais porca: vimos morrer ao nosso lado muitos companheiros à falta de ar, de alimento e de água. É horrível lembrar que criaturas humanas tratem a seus semelhantes assim e que não lhes doa a consciência de levá-los à sepultura asfixiados e famintos!*
>
> Maria Firmina dos Reis[20]

Antes de iniciar a apresentação do tema, quero chamar a atenção para a expressão que dá nome a esse tópico: "mulata". O termo possui uma origem controversa. No âmbito linguístico é relacionado à derivação latina de *mulus*, o animal resultante da mistura do asno e da égua, e o caráter híbrido do animal foi associado a "mestiço", pessoa com ascendentes negros e brancos. Outra hipótese aceita é que deriva da palavra árabe *muwallad*, "mestiços", os cristãos convertidos ao Islã durante a dominação na Península Ibérica. Nessa linha, a palavra "mulata" seria corruptela de *muwallad* (*mualad*, *mulad*, mulata). No campo cultural, o termo vincula-se à imagem de falsa democracia racial, que não problematiza a representação da mulher negra ou "mestiça" e acentua a erotização de sua imagem através do corpo branqueado e hipersexualizado (SILVA, 2018). A meu ver, qualquer que seja a explicação para a origem da palavra, o tom depreciativo está presente de maneira indiscutível. Nesta leitura crítica do conto de Lima Barreto,

---

20. REIS, Maria Firmina dos. *Úrsula*. 7ª edição revista e ampliada. Belo Horizonte: Editora PUC Minas, 2018, p. 103.

a palavra aparece entre aspas –"mulata" – para sinalizar graficamente a construção cultural do seu significado e a necessidade de desnaturalizar a sua recepção. A palavra só aparecerá sem aspas quando fizer parte do texto do escritor carioca.

Escrito em setembro de 1904, segundo o registro que o acompanha, "Um especialista" foi publicado em 1915 entre os contos selecionados por Lima Barreto para integrar a primeira edição em livro do romance *Triste fim de Policarpo Quaresma*. Na edição das *Obras de Lima Barreto*, organizada por Francisco de Assis Barbosa, com a colaboração de Antônio Houaiss e Manoel Cavalcanti Proença (Brasiliense, 1956), o conto é publicado no volume *Clara dos Anjos*. Traz dedicatória para Bastos Tigre (Manuel Bastos Tigre 1882-1957), colega de Lima Barreto na Escola Politécnica e nas mesas do Café Papagaio, onde se reunia o grupo denominado Esplendor dos Amanuenses, que integrava escritores como Domingos Ribeiro Filho, Rafael Pinheiro, Amorim Junior, João Rangel e os caricaturistas Calixto e Carlos Lenoir, o Gil da revista *A avenida* (BROCA, 1975, p. 35). Bastos Tigre atuou em múltiplas funções, foi bibliotecário, jornalista, poeta, dramaturgo, humorista e um dos primeiros a trabalhar com publicidade no Brasil. É dele o famoso slogan: "Se é Bayer, é bom".

A trama desenvolve-se em torno de dois personagens masculinos, o Comendador e seu amigo, denominado Coronel Carvalho, que são companheiros de noitadas com jantares, bebidas e mulheres e encontros frequentes nos bares e prostíbulos, além de uma personagem feminina: Alice, a "mulata". Depois de uma pequena ausência de quinze dias do amigo, o Coronel Carvalho vai procurá-lo em sua loja e investigar a razão do sumiço. A justificativa para o curto afastamento será um belo "achado": trata-se de Alice, jovem recém-chegada à cidade. O Comendador hospedou-a na modesta pensão Baldut, no Catete, e afastou-se também da vida mundana, cumprindo somente o percurso diário da casa para o trabalho e deste para a pensão. Na conversa, os amigos combinam um encontro para a mesma noite e o Comendador reforça os elogios à amante. O Coronel Carvalho confere o sucesso que o "achado" do Comendador fazia entre os homens pelos comentários: "Esses portugueses são os demônios para descobrir boas mulatas" (BARRETO, "Um especialista", 1956, vol. 5, p. 205).

Antes de voltar à pensão com a jovem, o Comendador e o amigo decidem fazer uma pausa para jantar em um hotel barato e, durante o jantar, acontece a reviravolta nos acontecimentos, quando Alice expõe aos dois senhores a saudade que sente de Recife, as dificuldades pelas quais passou depois da morte da mãe, a vinda para o Rio de Janeiro e as agruras sofridas nas mãos de diferentes homens.

Os personagens masculinos são portugueses, sem nome próprio e caracterizados por suas patentes, obtidas por meios não tão lícitos. São eles: o Comendador, com aproximadamente cinquenta anos, veio para o Rio de Janeiro aos vinte e quatro, tendo passado seis no Recife. Apesar de casado, vivia como solteiro à cata de mulheres, tendo uma especial preferência por "mulheres de cor" e as procurava com o interesse de um "especialista". E o outro, também português, viera aos sete anos para o Brasil fixando-se no interior do país, exercendo profissões diversas como caixeiro de venda,[21] feitor e administrador de fazenda. Por ocasião da Bolsa (Encilhamento[22]) enriqueceu especulando com operações financeiras tornando-se senhor de boa fortuna e obteve patente de Coronel da Guarda Nacional. "Era um plácido português, gordo, ventrudo, cheio de brilhantes, empregando a sua

---

21. A abolição da escravidão no Brasil e a crise vinícola ao norte de Portugal aumentou o número de imigrantes portugueses do final do século XIX e início do século XX que tinham, ao chegar ao país, dois destinos: a agricultura das grandes plantações e o setor terciário – proprietários ou trabalhadores no comércio como alfaiates, barbeiros, pequeno comércio de retalhos. Paupérrimos e incultos na sua maioria. Gradativamente, o perfil do imigrante muda a partir dos subsídios do governo português e eles passam a exercer posições importantes na construção civil, bancos, comércios atacadista e varejista e indústrias, como fábricas de tecidos e artigos de armarinho. Atividades que garantiam ajuda a novos imigrantes e remessa de recursos para as famílias em Portugal. Até o fim da Primeira República, apesar do favorecimento de leis e políticas para os portugueses se fixarem no Brasil, havia muita intolerância a eles manifesta por galhofa, preconceitos e hostilidade frequente em fortes movimentos antilusitanos por todo o país (GRANGEIA, 2017).
22. Política econômica adotada logo após a proclamação da República brasileira que autorizou os bancos privados a produzir moeda. O resultado será a prática especulativa em grande escala, em meio às graves oscilações cambiais. Os novos ricos, aventureiros e especuladores marcarão o período com o arrivismo desenfreado. Análogo aos preparativos para entrada de um cavalo na pista de corrida, o "encilhamento" seria a preparação para o Brasil entrar na modernização industrial.

mole atividade na gerência de uma fábrica de fósforos" (BARRETO, "Um especialista", 1956, vol. 5, p. 199). Viúvo, levava a vida de jovem solteiro frequentando cocotes e casas de *rendez-vous*. Ao contrário do amigo, tinha preferências pelas amantes estrangeiras, "francesas e italianas, bailarinas, cantoras ou simplesmente meretrizes" (BARRETO, "Um especialista", 1956, vol. 5. p. 200).

No centro da trama, encontramos Alice, jovem alta, esguia, de bom corpo, cabelos negros corridos, olhos pardos, roliça, nariz muito afilado, uma boca pequena, olhos curiosos, tez de bronze, com "lábios roxos, bem quentes" (BARRETO, "Um especialista", 1956, vol. 5, p. 202). Bonita e elegante, descrita como a típica "mulata" brasileira.

A tradição literária e a "mulata"
No desenrolar do conto, encontramos o narrador como um observador, testemunha e uma espécie de leitor internalizado. De um lado, a perspectiva onisciente, segura dos acontecimentos a serem abordados:

> Era hábito dos dous, todas as tardes, após o jantar, jogar uma partida de bilhar em cinquenta pontos, finda a qual iam, em pequenos passos, até o largo da Carioca tomar café e licores, e, na mesa do botequim ficarem esperando a hora dos teatros, enquanto que, dos charutos, fumaças azuladas espiralavam preguiçosamente no ar (BARRETO, "Um especialista", 1956, vol. 5, p. 199).

Do outro lado, a aproximação do foco até as minúcias, trazendo ao leitor a irradiação do ambiente, analiticamente decomposto através dos sentidos, para sugerir impressões. "A sala sombria e pobre do hotel tinha sempre por aquela hora uma aparência brilhante. A agitação que ia nela; as sedas roçagantes e os chapéus vistosos das mulheres; a profusão de luzes, o irisado das plumas, os perfumes requintados que voavam pelo ambiente; transmudavam-na da sua habitual fisionomia pobre e remediada" (BARRETO, "Um especialista", 1956, vol. 5, p. 205).

O conto de Lima Barreto coaduna-se portanto com a perspectiva tradicional herdada de Edgar Allan Poe (1809-1894) com relação à onisciência do narrador e pistas breves no meio da narrativa a sugerir, despretensiosamente, a gradação da tensão que se dilui ao longo do texto em meio aos motivos banais e insignificantes como conversas entre amigos de bar e botequim. A informalidade das conversas deixa os elementos significativos da trama em elipse. Com aparente leveza e no meio do passeio em praça mal iluminada, aparece a primeira definição de "mulata", na fala do dito "especialista": "A mulata é a canela, é o cravo, é a pimenta; é, enfim, a especiaria de requeime acre e capitoso que nós, os portugueses, desde Vasco da Gama, andamos a buscar, a procurar" (BARRETO, "Um especialista", 1956, vol. 5, p. 205).

O comentário aciona a extensa construção cultural em torno da imagem da "mulata" que a associa a especiarias e metáforas de cor, cheiro, sabor, presentes desde os textos de Gregório de Matos: "Por vida do meu Gonçalo, /Custódia formosa, e linda,/ que eu não vi Mulata ainda, que me desse tanto abalo" (MATOS, 1969, vol. 3, p. 698). São interessantes os seus versos à "mulata linda e travessa por cuja espertaza lhe chamavam marimbondo" (MATOS, 1969, vol. 3, p. 770) ou ainda a referência à mulata Catona: "É parda de tal talento/ que a mais branca, e a mais bela/ deseja trocar com ela/ a cor pelo entendimento" (MATOS, 1969, vol. 6, p. 1389). O mesmo quando encontra a mulata Anica: "Anica, o que me quereis/ que tanto me enfeitiçais/ uma vez quando cantais,/ e outra quando apareceis" (MATOS, 1969, vol. 6, p. 1448). Os excertos dos poemas podem mostrar alguns elementos que serão incorporados na tradição literária e cultural, da associação a flores até a beleza, sorriso, sensualidade, alegria e, também, certo tom depreciativo que a considera somente "corpo" e causa de destruição do equilíbrio do poeta.

Segundo Teófilo Queiroz Júnior, "são contribuições de Gregório de Matos à catalogação da 'mulata' como tipo literário: a beleza dos seus braços; sua alegria; a musicalidade e graça e a intensidade de sua atração" (QUEIROZ, 1975, p. 46).

Muitos exemplos poderiam ser dados da construção dessa figura: de Gregório de Matos a Jorge Amado, das canções de carnaval ("A mulata é a tal",[23] "O teu cabelo não nega"[24]) a Di Cavalcanti, projeções estilizadas na televisão (Globeleza) e expressões cotidianas. Imagens muito eficientes que muitas vezes incorporaram a "mulata" à ideia de nação.

Elemento mediador entre a branca e a prostituta, a "mulata" representa o espaço da mestiçagem moral, "o espaço do pecado consentido" (SANT'ANNA, 1985, p. 27) reforçado nas inúmeras representações difundidas na literatura brasileira também como afirmação de exotismo e nacionalidade ("sabor bem Brasil"/"alma cor de anil"). Assim, a decantada beleza do seu corpo, aliada à dança e à culinária, representa o lugar recorrente do desejo desde a sociedade escravocrata, confirmando a erotização do lugar da mulher negra e o poder do senhor proprietário que delimita o espaço em que ela pode ser senhora ou escrava (SANT'ANNA, 1985, p. 31).

Durante o Romantismo, predominantemente (com exceções como Castro Alves), as "mulatas" são retratadas como mulheres que seduzem homens brancos e puros que, diante da sua beleza e fascínio, se veem sem reação ou saída a não ser ceder a seus encantos. E, ainda, é apresentada como mulher feliz e faceira que provoca inveja nas brancas (apesar da sua condição de escrava) por seu ar trigueiro, alegria, musicalidade e requebros

---

23. Branca é branca preta é preta
Mas a mulata é a tal, é a tal!
Quando ela passa todo mundo grita:
"Eu tô aí nessa marmita!"
Quando ela bole com os seus quadris
Eu bato palmas e peço bis
Ai mulata, cor de canela!
Salve salve salve salve salve ela!
A *mulata é a tal* (marcha, 1948) – João de Barro e Antônio Almeida.
24. "Teu cabelo não nega" – Adaptação de Lamartine Babo da marcha "Mulata" dos Irmãos Valença, de 1932.
O teu cabelo não nega, mulata
Porque és mulata na cor
Mas como a cor não pega, mulata
Mulata, eu quero o teu amor (2 x)
Tens um sabor bem do Brasil
Tens a alma cor de anil
Mulata, mulatinha, meu amor
Fui nomeado teu tenente interventor

que seduzem todos os homens. Os famosos versos de *A crioula*,[25] poema escrito em 1853 por Trajano Galvão de Carvalho (1830-1864) exemplificam o protótipo do estereótipo cultural da sedução e sexualidade projetado sobre a "mulata" em nosso imaginário.

A escolha e preferência pela "mulata" revela a rejeição à mulher negra e evidencia no âmbito da hierarquia racial na sociedade diversos campos semânticos. Segundo Mariza Corrêa, pesquisadora e antropóloga da Unicamp, a figura da "mulata" é vinculada a ervas e especiarias no "universo de pura sensação corporal: lubricidade, volubilidade, amoralidade" (CORRÊA, 1996, p. 40), isto é, puro corpo ou sexo e, por essa

---

25. Sou cativa...qu'mporta?... Folgando
Hei de o meu cativeiro levar!...
Hei de sim, que o Feitor tem mui brando
Coração, que se pode amansar!...
Como é terno o Feitor quando chama,
À noitinha, escondido co'a rama;
No caminho – ó crioula, vem cá! –
Aí nada que pague o gostinho
De poder-se ao feitor, no caminho,
Faceirando, dizer – não vou lá?...
[...]
Ao tambor quando saio da pinha
Das cativas, e danço gentil,
Sou senhora, sou alta rainha,
Não cativa – de escravos a mil!
Com requebros a todos assombro,
Voam lenços, ocultam-me o ombro,
Entre palmas, aplausos, furor!...
Mas, se alguém ousa dar-me uma punga,
O Feitor de ciúmes resmunga,
Pega a taca, desmancha o tambor!
[...]
Sou formosa... e meus olhos estrelas
Que trespassam negrumes do céu;
Atrativos e formas tão belas
Pra que foi que a natura mas deu?
E este fogo, que me arde nas veias
Como o sol nas ferventes areias,
Por que arde?... Quem foi que o ateou?
Apagá-lo vou já –, não sou tola...
E o Feitor lá me chama – ó crioula,
E eu respondo-lhe branda – já vou.
(CARVALHO, 2013, p. 67-68)

razão, também é vista como fator de dissenso moral. Em contrapartida, o "mulato" quando alcança um lugar na sociedade desenvolve a tendência de branqueamento mais rápido, saindo do espaço da amoralidade para o da conjugalidade. "Carregam o peso da ascensão social nas suas costas espadaúdas como O *Mulato* de Aluísio de Azevedo ou os de Jorge Amado e Gilberto Freyre" (CORRÊA, 1996, p. 40).

Como tipo literário, a "mulata" é imediatamente associada às suas características étnicas e as descrições assinalam o colorido da pele, o bem torneado dos braços e pernas, mãos e pés pequenos, a cintura fina, o busto insinuante e bem moldado, a boca sensual, de dentes sadios e sorriso fácil, bastos cabelos negros e olhos grandes e belos (QUEIROZ, 1975, p. 30). Aos traços físicos, associa-se a musicalidade, a dança, a forte atração e domínio que exerce sobre os homens. No conto de Lima Barreto, a descrição física da jovem "mulata" Alice, segue o mesmo figurino.

— É uma cousa extraordinária! Uma maravilha! Nunca vi mulata igual. [...] Calcula que ela é alta, esguia, de bom corpo; cabelos negros corridos: olhos pardos. É bem fornida de carnes, roliça; nariz não muito afilado, mas bom! E que boca, Chico! Uma boca breve, pequena, com uns lábios roxos, bem quentes... Só vendo mesmo! Só! Não se descreve (BARRETO, "Um especialista", 1956, vol. 5, p. 202).

O português que a descreve recebe traços caricaturais para acentuar a lascívia e enorme desejo, tornando visível para o leitor os sentimentos que movem os homens diante da mulher negra ou "mulata". Como um desenhista, o escritor apreende o flagrante, com todos os detalhes necessários para compor a fisionomia, os gestos, os cacoetes, com a finalidade de caracterizar e tornar evidente aquilo que não está visível. A figura do personagem português torna-se plena de luxúria, desejo e volúpia nos pequenos detalhes que aproximam sua reação ao teor animalesco na representação ampliada de atitudes que, no dia a dia, seriam consideradas normais para o leitor. Atitudes que expressam o conteúdo do olhar objetificado dirigido à "mulata" e/ou à mulher negra.

Por todo ele havia aspecto de um suíno, cheio de lascívia, inebriado de gozo. Os olhos arredondaram-se e diminuíram; os lábios se haviam apertado fortemente e impelidos para diante se juntavam ao jeito de um focinho; o rosto destilava gordura; e, ajudado isto pelo seu físico, tudo nele era de um colossal suíno (BARRETO, "Um especialista", 1956, vol. 5, p. 202).

A descrição física da lubricidade do Comendador completa-se com o comentário que aponta o total descompromisso e preocupação com a jovem, vista como objeto que, depois de bem utilizado, pode ser descartado. Ao ser perguntado sobre o que pretende fazer com a moça depois, o português responde: "— É boa. Que pergunta! Prová-la, enfeitá-la, enfeitá-la e lançá-la. E é pouco?" (BARRETO, "Um especialista", 1956, vol. 5, p. 202).

Melancolia na cor e na alma

> *À noite, quando reuníamos em volta de uma fogueira mais de cinzas do que de fogo, a combustão maior vinha de nossos lamentos. E em uma dessas noites de macambúzia fala, de um estado tal de banzo, como se a dor nunca mais fosse se apartar de nós, uma mulher, a mais jovem da desfalcada roda, trouxe uma boa fala. Bamidele, a esperança, anunciou que ia ter um filho.[...] Ficamos plenos de esperança, mas não cegos diante de todas as nossas dificuldades. Sabíamos que tínhamos várias questões a enfrentar. A maior era a nossa dificuldade interior de acreditar novamente no valor da vida... Mas sempre inventamos a nossa sobrevivência.*

Conceição Evaristo[26]

Todas as cenas apresentadas até aqui compõem o que podemos denominar de primeira história presente no conto e que dialoga com o imaginário do leitor, com base na construção cultural da figura da "mulata" e do português. O conto explora uma das imagens de portugueses presentes no senso comum, isto é, senhores proprietários bem-sucedidos cuja trajetória de

---

26. EVARISTO, Conceição. *Olhos d'água*. Rio de Janeiro: Pallas / Fundação Biblioteca Nacional, 2016. p. 113-114.

ascensão social deu-se por meios ambíguos: num misto de sorte, trabalho e má-fé. Ambos os personagens portugueses desse conto, estabelecidos na sociedade e com família, sustentam meretrizes, frequentando cabarés e bares assiduamente. Costumam ostentar as amantes nos cassinos baratos, nas suas conversas tratam de negócios e, predominantemente, de suas conquistas amorosas: "Amor e dinheiro, eles juntavam bem e sabiamente" (BARRETO, "Um especialista", 1956, vol. 5, p. 199).

Nessa primeira parte do conto tudo transcorre sem seguir a lógica narrativa de aumento gradual de tensão até o clímax final; a tensão se dilui distribuindo-se no conto como um todo. Não há grandes temas ou motivos, tudo transcorre em conversas informais entre amigos, em situações cotidianas e espaços vulgares, como cassinos, hotéis baratos, praças e ruas.

Como uma espécie de transição para a segunda parte, o leitor é introduzido no ambiente do cassino vulgar na Lapa, centro do Rio de Janeiro, onde o espetáculo consentido, de transgressão e orgia, é protagonizado por juízes e deputados, em meio a prostitutas de perfis diversos. Cenas bizarras de embriaguez e luxúria com mulheres "lívidas, como moribundas".

> Francesas, italianas, húngaras, espanholas, essas mulheres, de dentro das rendas, surgiam espectrais, apagadas, lívidas como moribundas. Entretanto, ou fosse o álcool ou o prestígio das peregrinas, tinham sobre aqueles homens um misterioso ascendente. À esquerda, na plateia, o majestoso deputado da entrada coçava despudoradamente a nuca da Dermalet, uma francesa; em frente, o doutor Castrioto, lente de uma escola superior, babava-se todo ao olhar as pernas da cantora em cena, enquanto em um camarote defronte, o juiz Siqueira apertava-se à Mercedes, uma bailarina espanhola, com o fogo de um recém-casado à noiva. Um sopro de deboche percorria homem a homem (BARRETO, "Um especialista", 1956, vol. 5, p. 204).

Pequenos índices sobre o final dos personagens são jogados aqui e ali no transcorrer do conto, em comentários aparentemente aleatórios, a exemplo: "Mulata como esta... nem a que conheci em Pernambuco, há uns vinte e sete anos!" (BARRETO "Um especialista", 1956, vol. 5, p. 202) até a irônica brisa que sopra no rosto do Coronel Barbosa, o amigo e confidente, durante a caminhada curta até o hotel junto com o Comendador e sua "mulata". Tal sopro de brisa traz o comentário de passantes sobre o português e a jovem Alice: "Parecem pai e filha" (BARRETO, "Um especialista", 1956, vol. 5, p. 205). O narrador explica: "E essa reflexão de pequeno alcance na boca que a proferiu, calou fundo no ânimo do coronel" (BARRETO, "Um especialista", 1956, vol. 5, p. 205).

Percebemos que a narrativa passa rapidamente do foco no externo para a reflexão bastante sugestiva do encaminhamento do desfecho provável das personagens, num movimento de fora para dentro pincelando valores sobre o conteúdo da relação entre o português e a "mulata" que, até então, havia sido abordada de maneira superficial. Em seguida, a visão pormenorizada da sala do hotel, com destaque na profusão de adjetivos que sugerem luz, cor, aroma, movimento. "As pequenas mesas, pejadas de pratos e garrafas, estavam todas ocupadas. Em cada, uma ou duas mulheres sentavam-se, seguidas de um ou dous cavalheiros. Sílabas breves do francês, sons guturais do espanhol, dulçorosas terminações italianas, chocavam-se, brigavam" (BARRETO, "Um especialista", 1956, vol. 5, p. 206).

Nada evidencia que o desfecho se aproxima porque o ritmo da narrativa permanece o mesmo, muito diferente da lógica de causalidade perceptível nas referências estéticas dos contos de Poe, o mestre do gênero. Ainda assim, prepara-se em certa medida o desfecho, dando uma piscadela para o leitor, porventura distraído e desavisado. Quando o Comendador, amante de Alice começa a sentir-se mal, de maneira jocosa a jovem "mulata" faz um gracejo quando questionada se se recorda do nome do pai: "— Não me lembra, não! Que interesse! Quem sabe que o senhor não é meu pai?" (BARRETO, "Um especialista", 1956, vol. 5, p. 208).

Apesar da insinuação, nada excepcional acontece ainda e, perto do final, mantém-se o tom da conversa de bar despretensiosa entre amigos com a personagem Alice respondendo às perguntas sobre como chegara ao Rio de Janeiro, vinda de Recife. A viagem para a capital já aconteceu, antes do início do conto, e não tem importância significativa para as ações. Na conversa, entretanto, Alice aos poucos relata dados do seu passado que deixam emudecido o amante.

Minha mãe me contava que ela era honesta; que vivia na cidade do Cabo com seus pais, de cuja companhia fora seduzida por um caixeiro português que lá aparecera e com quem veio para o Recife. Nasci deles e dous meses, ou mais depois do meu nascimento, meu pai foi ao Cabo[27] liquidar a herança (um sítio, uma vaca, um cavalo) que coubera à minha mãe por morte de seus pais. Vindo de receber a herança, partiu dias depois para aqui e nunca mais ela soube notícias dele, nem do dinheiro, que, vendido o herdado, lhe ficara dos meus avós (BARRETO, "Um especialista", 1956, vol. 5, p. 207).

Nos segundos finais de conversa ou nos dois últimos pequenos parágrafos, Alice, o Coronel Carvalho e o leitor são levados a prestar atenção ao estado de angústia do Comendador, o "amante" da mulata. "O Comendador não perdera uma sílaba; e, com a boca meio aberta, parecia querê-las engolir uma a uma; com as faces congestionadas e os olhos esbugalhados, a sua fisionomia estava horrível" (BARRETO, "Um especialista", 1956, vol. 5, p. 208). Novamente o conto sai do foco no meio externo, da conversa em mesa de hotel, para abarcar a interioridade da personagem: vê-se imediatamente o desespero e dor do velho português, cujo motivo se compreende na última linha do conto: "— Meu Deus! É minha filha!" (BARRETO, "Um especialista", 1956, vol. 5, p. 208).

Observa-se uma espécie de antidesfecho, isto é, fica ao leitor a ideia de suspensão e continuidade, o que torna esse conto diferente do determinismo causal das narrativas do século XIX. A aparente leveza e o menor rigor de causalidade tradicional na trama apresentam um fundo trágico tão sutil, quanto perverso. O narrador se eximiu de adiantar explicações agindo como testemunha e observador. O seu silêncio aponta para as camadas mais profundas da situação narrada e das personagens.

Nessa perspectiva, o conto de Lima Barreto, embora dialogue com a herança extraordinária de Poe (algumas pistas sutis projetadas no meio da trama preparando sua conclusão) aproxima-se também do mundo estilhaçado das narrativas de Anton Tchekhov (1860-1904) cuja "ironia pessimista

---

27. A Cidade do Cabo ou Cape Town, como é conhecida em inglês, é a capital legislativa e importante centro comercial e industrial da África do Sul, sendo hoje a segunda maior cidade do país.

não permite mais construir totalidades fechadas" (PONTIERI, 2001, p.111). Assim, em Tchekhov, o desfecho se mostra diverso "insinuando uma espécie de 'antidesfecho' pela continuidade da situação imaginária e suspensão de um final demarcado" (PASSOS, 2018, p. 43).

Ricardo Piglia (1941-2017) crítico e autor de *Formas breves*, nos capítulos "Teses sobre o conto" e "Novas teses sobre o conto" (2004, p. 91) argumenta que "o conto clássico à Poe contava uma história anunciando que havia outra; o conto moderno conta duas histórias como se fossem uma só" (2004, p. 91). Ora, se "a história secreta é a chave da forma do conto e suas variantes" (PIGLIA, 2004, p. 91), com qual variante do gênero trabalha Lima Barreto?

Em "Um especialista" o efeito de surpresa se produz quando o final da história secreta (estelionato, abandono, prostituição, incesto) aparece na superfície. Contada de modo mais elusivo durante a narrativa, a história de fundo revela-se ao final e Lima Barreto deixa para contar o que é terrível e chocante, de forma elíptica, nas últimas linhas, deixando a sensação de continuidade para o leitor. Recorre, portanto, às variantes e combinações das heranças narrativas de Poe e Tchekhov que lhe oferece o gênero conto. Se, por um lado, se afasta da estrutura fechada de Poe e do rigor da causalidade na exposição da trama, por outro, valoriza o insignificante nos fatos narrados e ainda impacta na surpresa final. Opta também pela concisão e dado coloquial para enfocar situações típicas do cotidiano. Propõe escrever sobre um problema, ou tema, mas não lhe garante solução ou resolução apaziguada, abandona o leitor entre o relato delicioso e a desgraça, entre o gracejo e o monstruoso.

O tom mais ameno criado na sequência de acontecimentos banais envolve e seduz o leitor. O final parece circunstancial, mas é longamente premeditado e perceptível nas pistas sutis ao longo da narrativa. Afinal "os finais são formas de encontrar sentido na experiência" (PIGLIA, 2004, p.100) e afetar o interlocutor perplexo que se defronta, abruptamente, com um sentido secreto que estava cifrado e não tão óbvio na sequência da exposição dos acontecimentos.

Então, o que está cifrado e qual ou quais verdades assentes são desveladas na trama de Lima Barreto? Se considerarmos a narrativa disposta em muitas perspectivas, podemos observar de imediato, num primeiro olhar, a propagação de novo ideário motivado especialmente pelas reformas urbanas, cujo protótipo é a construção da avenida Central. O espaço da avenida permite aos transeuntes usufruir a sensação de civilização, progresso e vivência de um futuro sofisticado, em meio ao desfile de produtos importados, que saltam dos cartazes publicitários e vitrines para a exposição nos corpos dos indivíduos, que encenam nos gestos, vestuários e atitudes o perfil do consumidor moderno. Enxurradas de novidades, entre elas a publicidade – que trouxe o corpo da mulher como estratégia para oferta de produtos –, a fotografia, o cinematógrafo, o automóvel, o banho de mar, a prática de esportes, passeios nas ruas com suas vitrines atraentes permitem e valorizam a maior exposição do corpo, que deixa de ter papel secundário, movimentando-se em fotos, danças, gestos e passeios. Além disso, danças como maxixe e bailados projetavam coreografias tidas como "exóticas das quais o corpo negro é o suporte" (DEL PRIORE, 2011, p. 106).

O conto valoriza os espaços de sedução – teatros, cassinos, ruas e bares – onde o corpo das mulheres está exposto como mercadoria em vitrine, permitindo delinear outra interessante perspectiva na narrativa: os diferentes níveis de prostituição, atividade que se intensifica na experiência urbana da então capital da República. Havia as prostitutas que representavam o luxo e a ostentação, tidas como "francesas" ou cocotes, que frequentavam os espaços de luxo da cidade, também chamadas as de "sobrado"; havia as de "sobradinho" ou de rótulas, que trabalhavam inclusive em hotéis (como a personagem Alice do conto) e as mulheres de rua ou casebres administrados por negros quitandeiros (DEL PRIORE, 2011, p. 86-87).

Em meio à intensificação da vida urbana e dos debates sobre a nação, a figura da mulher negra e "mulata" foi transferida para o campo político e científico, sendo caracterizada como solvente da moralidade, do caráter e da herança genética do povo brasileiro. Paradoxalmente, permanece a exaltação de seus feitiços, luxúria, dengues e quadris ao mesmo tempo que se responsabiliza a sedução irresistível, provocada pela "mulata", à destruição da família e da nação.

No auge da proliferação de discursos sobre a mestiçagem para redefinir a nação, nos primeiros anos da República, discute-se o atavismo da "mulata", a "mulher que tem o poder de enfraquecer e iludir. Sua 'excitação genésica' acaba por ser elevada e coloca em perigo tanto a família, quanto, por consequência, a própria sociedade brasileira" (MOUTINHO, 2004, p. 71). Será Nina Rodrigues o pensador responsável por projetar a "mulata" no terreno da ciência, reforçando com suas características os argumentos acerca do mestiço e sua degenerescência. Já o teórico do branqueamento da raça, Oliveira Vianna, defende a mestiçagem como mal e solução. As características ditas nefastas poderiam ser depuradas a partir de uma mistura seletiva e controlada (MOUTINHO, 2004, p. 73).

A perspectiva mais interessante, ou a história cifrada no conto, consiste na releitura crítica da tradição literária e cultural criadora da imagem da "mulata".

O leitor das primeiras décadas do século XX, na sua maioria, (e muitos ainda hoje) incorpora as narrativas de sedução da "mulata" sobre o senhor branco, proprietário, colonizador, escravocrata como naturais e inerentes à nossa história cultural. Não pode, não deseja ou não interessa perceber a situação indefesa da escrava que estimulava a sua posse e exploração sexual sob os argumentos da irresistibilidade, da beleza estonteante, da amoralidade, todos projetados sobre a mulher negra e "mulata". Esses mesmos argumentos (do poder de sedução) justificam as ações violentas e opressoras que são recontados pelas canções populares, pela literatura, pelas narrativas do cotidiano. As maiores qualidades da "mulata" são acentuadas de maneira ambígua, desenhando a sua superioridade pelo corpo, expressa na dança, no canto, nas habilidades da cozinha que lhe garantem liberdade que também pode ser lida como volubilidade, inconstância e frivolidade. Imagens perpetuadas na literatura e, ainda, persistem nas vinhetas televisivas, na divulgação do turismo, nas festas de carnaval.

No conto de Lima Barreto, a "mulata" Alice é retratada como dona de uma beleza ímpar, semelhante às figuras apresentadas pela tradição literária. Mas, ao contrário do suposto poder de sedução e domínio, a "mulata" de Lima Barreto exala melancolia, fragilidade e impotência. Pouco fala ou age e quando o faz é para relatar dor e abandono: "Até hoje só tenho conhecido três homens que me dessem alguma coisa; os outros Deus me livre deles! – só querem meu corpo e o meu trabalho. Nada me davam, espancavam-me, maltratavam-me" (BARRETO, "Um especialista", 1956, vol. 5, p. 207).

Além disso, a personagem mostra o fio de continuidade dessa tradição de violência, nos conselhos recebidos da mãe: "Toma cuidado, minha filha, toma cuidado. Esses homens só querem nosso corpo por segundos, depois vão-se e nos deixam um filho nos quartos, quando não nos roubam como fez teu pai comigo..." (BARRETO "Um especialista", 1956, vol. 5, p. 207). Por consequência, a tão decantada beleza e sedução esconde a vulnerabilidade da mulher, e da mulher negra e "mulata" sujeitas ao abandono e violência de toda ordem.

Se, portanto, o conto permite a releitura crítica da criação da "mulata" nas narrativas literárias e culturais, também aprofunda o foco sobre a tensa relação entre família, sexualidade e erotismo sugerindo que as fronteiras entre esses termos são muito porosas em nossa cultura. Sem rodeios ou meias-tintas, a imagem familiar e típica do velho português é corroída pelo incesto e estelionato.

Conhecido por seus posicionamentos críticos em torno de diferentes questões culturais, em "Um especialista" Lima Barreto explora variantes do gênero conto para questionar o mito da "mulata" em nosso imaginário, garantindo perspectiva histórica a algumas narrativas que, ainda em nossos dias, defendem que "o cabelo não nega". Com a estratégia de trazer o encantamento da conversa informal, os elementos fascinantes do conto clássico mesclados ao abandono do leitor, o escritor problematiza os eixos – raça, gênero e classe – que fundamentam a vulnerabilidade e subordinação da mulher pobre, negra e "mulata". Leitura imprescindível para repensar o jargão: "a 'mulata' é a tal!".[28]

---

28. Hoje pode-se ouvir e ler outras letras e canções como o poema de cordel de Jarid Arraes, "Não me chame de mulata" (2015).
Eu começo este cordel
Recorrendo ao dicionário
Pois o tal livro reflete
Um saber reacionário
[...]
Nunca foi caso de amor
Como se pode alegar
Era caso de estupro
Que à negra ia abusar
O senhor da Casa Grande
Mui cruel e dominante
Pronto pra violentar.

E além dessa faceta
Existiu branqueamento
Como oficial medida
Para o tal clareamento
Com o fim de exterminar
De pra sempre eliminar
O negro do pensamento.
[...]
Não me chame de mulata
Eu sou negra orgulhosa
Não me chame de morena
Eu sou preta vigorosa
Tenho garra pra lutar
Para a todos ensinar
Sempre bem esperançosa.

Essa palavra "mulata"
Ela não me representa
Não sou cria de jumento
Nem de burro sou rebenta
Eu sou filha duma gente
Corajosa e imponente
Com história opulenta.

"Um e outro" ou o espetáculo da mercadoria

> *E, subitamente, é a era do automóvel. O monstro transformador irrompeu, bufando, por entre os descombros da cidade velha, e como nas mágicas e na natureza, aspérrima educadora, tudo transformou com aparências novas e novas aspirações. [...] Para que a era se firmasse fora precisa a transfiguração da cidade. E a transfiguração se fez como nas férias fulgurantes, ao tantã de Satanás. Ruas arrasaram-se, avenidas surgiram, os impostos aduaneiros caíram, e triunfal e desabrido o automóvel entrou, arrastando desvairadamente uma catadupa de automóveis. Agora, nós vivemos positivamente nos momentos do automóvel, em que o chauffeur é rei, é soberano, é tirano.*
>
> João do Rio[29]

Escrito em 1913, "Um e outro" foi publicado junto aos demais contos que integram a primeira edição de *Triste fim de Policarpo Quaresma*, em 1915, por escolha do autor, segundo nota do biógrafo Francisco de Assis Barbosa.

Lima Barreto inicia o conto situando, estrategicamente, o leitor dentro da consciência da protagonista, Lola, como se a história prescindisse de narrador e tivéssemos somente de seguir o olhar da personagem. Tudo nos é mostrado a partir do seu ponto de observação e do sentido que ela dá ao mundo.

> Não havia motivo para que ela procurasse aquela ligação, não havia razão para que a mantivesse. O Freitas a enfadava um pouco, é verdade. Os seus hábitos quase conjugais; o modo de tratá-la como sua mulher; [...] enfim aquele ar burguês da vida que levava, aquela regularidade, aquele equilíbrio davam-lhe a impressão de estar cumprindo pena.
>
> Isto era bem verdade, mas não a absolvia perante ela mesma de estar enganando o homem que lhe dava tudo, que educava sua filha, que a mantinha como senhora, com o *chauffeur* do automóvel em que passava duas vezes ou mais por semana. Porque não procurara *outro* mais decente? A sua razão desejava bem isso; mas o seu instinto a tinha levado (BARRETO, "Um e outro", 1956, vol. 5, p. 247).

---

29. RIO. João [João Paulo Barreto]. *Vida vertiginosa*. São Paulo: Martins Fontes, 2006, p. 7-8.

A personagem expõe e dramatiza a sua consciência em vez de ter suas inquietações expostas diretamente. As informações sobre seu passado apreendem-se de suas reflexões: a origem pobre, o casamento e os trabalhos no campo, a emigração, "oscilações e desvios" como a acusação de furto, a vida de criada e, agora, "amante opulenta".

Bastante descritivo e em terceira pessoa, o monólogo interior indireto da personagem permite o conhecimento das tensões que a movem: "Os vestígios da sua primitiva educação religiosa e os moldes da honestidade comum subiram à sua consciência. Seria pecado aquela sua vida?" (BARRETO, "Um e outro", 1956, vol. 5, p. 248).

Um conjunto de impressões descritas a partir da dramatização da consciência da personagem marca a primeira parte do conto. Mas, com alternância de foco para o ponto de observação objetivo do narrador, deixando entrar aos poucos o aspecto que Lola assume aos olhos dos que a rodeiam. Para maior eficiência do processo, o autor situa a personagem em seu ambiente, no cenário da cidade, que não aparece em tons menores ou desbotados como um pano de fundo para a história de Lola, mas também a constitui: cidade e protagonista se equivalem em importância na trama.

> A rua dava-lhe mais força de fisionomia, mais consciência dela. Como se sentia estar no seu reino, na região em que era rainha e imperatriz. O olhar cobiçoso dos homens e a inveja das mulheres acabavam o sentimento de sua personalidade, exaltavam-no até. [...] No caminho trocou cumprimentos com as raparigas pobres de uma casa de cômodos da vizinhança.
> — Bom dia, "madama".
> — Bom dia (BARRETO, "Um e outro", 1956, vol. 5, p. 250).

Se é pelo olhar de Lola que se acompanha todo o movimento da narrativa, por ele também o leitor visualiza os efeitos do espaço urbano e das tecnologias na consciência da protagonista. A visão de Lola é contaminada pelo impacto da urbanização na estrutura da experiência subjetiva, o que resulta em uma visão ambígua, ou turva, de objetos, pessoas e paisagens. Por isso, não pode discernir entre um, o carro de luxo, e outro, o *chauffeur*.

[...] o seu último amor, o ente sobre-humano que ela via coado através da beleza daquele "carro" negro, arrogante, insolente, cortando a multidão das ruas orgulhoso como um deus.

Na imaginação, ambos, *chauffeur* e "carro", não os podia separar um do outro; e a imagem dos dous era uma única de suprema beleza, tendo a seu dispor a força e a velocidade do vento (BARRETO, "Um e outro", 1956, vol. 5, p. 250).

O termo *carro*, que aparece grafado entre aspas no conto, deixa de ter sua função como mero meio de transporte para adquirir autonomia e características humanas como força, beleza, arrogância e "quando ela o tinha nos braços, não era bem ele quem abraçava, era a beleza daquela máquina que punha nela ebriedade, o sonho e a alegria singular da velocidade" (BARRETO, "Um e outro", 1956, vol. 5, p. 250).

A leitura dessas imagens pode nos levar ao conhecido conceito – explicado por Karl Marx (1818-1883) na quarta parte do primeiro capítulo de *O capital* (1867) – o fetiche da mercadoria, o certo caráter mágico que a mercadoria adquire e oculta o trabalho humano nela contida. Vale a pena (re)ver aqui a clássica passagem.

> À primeira vista, a mercadoria parece ser coisa trivial, imediatamente compreensível. Analisando-a, vê-se que ela é algo muito estranho, cheio de sutilezas metafísicas e argúcias teológicas. Como valor de uso, nada há de misterioso nela, quer a observemos sob o aspecto de que se destina a satisfazer necessidades humanas, com suas propriedades, quer sob o ângulo de que só adquire essas propriedades, quer sob o ângulo de que só adquire essas propriedades em consequência do trabalho humano. É evidente que o ser humano, por sua atividade, modifica do modo que lhe é útil a forma dos elementos naturais. Modifica, por exemplo, a forma da madeira, quando dela faz uma mesa. Não obstante, a mesa ainda é madeira, coisa prosaica, material. Mas, logo que se revela mercadoria, transforma-se em algo ao mesmo tempo perceptível e impalpável. Além de estar com os pés no chão, firma sua posição perante as outras mercadorias e expande as ideias fixas de sua cabeça de madeira, fenômeno mais fantástico do que se dançasse por iniciativa própria (MARX, 2006, p. 92-93).

O filósofo contemporâneo Giorgio Agamben apresenta uma interessante explicação para esse conceito, ou para a projeção do valor simbólico particular sobre o uso do objeto, "consiste neste desdobramento do produto do trabalho, mediante o qual ele volta ao homem ora uma face, ora outra, sem que nunca seja possível ver a ambas no mesmo instante", processo no qual a mercadoria "afirma a sua inapreensibilidade" (AGAMBEN, 2007, p. 68). Para o pensador, efetiva-se a fetichização dos objetos naquelas Exposições Universais,[30] nas quais as mercadorias ficavam expostas em galerias, pavilhões, vitrines decoradas em meio a luzes e cores que as projetavam, feérica e intensamente, aos olhos e às emoções dos transeuntes. Dito de outra maneira, os fetiches estavam em exibição.

Das cenas das Exposições para as cidades, na moda, nos objetos, nas ruas, a fantasmagoria das mercadorias adere profundamente aos corpos e às emoções dos sujeitos, aspecto muito estudado por Walter Benjamin (1892-1940). Inspirado nas obras do poeta francês e crítico da modernidade Charles Baudelaire (1821-1867), o filósofo alemão denomina "ebriedade da cidade grande" a esse mágico espetáculo da mercadoria, especialmente intensificado na experiência urbana.

> Baudelaire entendia de entorpecentes. Não obstante, passou-lhe despercebido um de seus efeitos sociais mais importantes. Trata-se do charme que os viciados manifestam sob a influência da droga. A mercadoria, por sua vez, retira o mesmo efeito da multidão inebriada e murmurante a seu redor. A massificação dos fregueses que, com efeito, forma o mercado que transforma a mercadoria em mercadoria e aumenta o encanto desta para o comprador mediano (BENJAMIN, 1989a, p. 53).

À noção de fetiche, Benjamin adiciona a categoria fantasmagoria, que funciona como imagens de desejo coletivo, uma espécie de correlato na ordem da imaginação do caráter fetichizador no sistema de mercadorias.

---

30. As Exposições Universais foram realizadas em cidades como Londres (1851; 1862; 1886), Chicago (1893), Viena (1873), Paris (1885; 1867; 1878; 1889; 1900), Dublin (1907) entre outras e "funcionaram como vitrine de exibição dos inventos e mercadorias postos à disposição do mundo pelo sistema de fábrica [...] que se apoiava sobre o tripé do carvão, do vapor e das estradas de ferro" (PESAVENTO, 1997, p. 43)

Para ele, nas cidades criavam-se cenários constituídos de forma semelhante às ilusões de ótica, com rápida alteração de tamanhos e formas. Se Marx havia utilizado o termo *fantasmagoria* para referir-se às aparências ilusórias das mercadorias no mercado, Walter Benjamin está interessado nas formas mágicas das mercadorias em exibição. "Todo o desejável, do sexo ao status social, podia ser transformado em mercadorias como fetiches-em-exibição, mantendo a multidão subjugada, mesmo quando suas posses pessoais estavam muito longe de alcançá-las" (BUCK-MORSS, 2002, p. 113).

Voltando à leitura das imagens do conto, percebemos que a cidade – com seus letreiros e vitrines e a frenética justaposição de cenas, objetos e pessoas nas ruas – atravessa a alma, os sonhos e desejos de Lola, e o seu olhar em tudo vê a sedução das fantasmagorias, o que a impede de discernir entre *chauffeur* e "carro".

Sem perder o ritmo do movimento, como que também impulsionado pelo ritmo da cidade, o narrador instala-se com Lola à janela do bonde e o leitor tem uma visão privilegiada da cidade vista a partir do movimento da viagem. Com o olhar contaminado de tecnologia visual, o narrador apresenta a sucessão de imagens, a cidade com "ar de fotografia", o movimento de distância e proximidade, horizontal e vertical como num panorama, o embate entre a tecnologia e a natureza.

> O bonde continuava a andar. Vinha jogando pelas ruas em fora, tilintando, parando aqui e ali. Passavam carroças, passavam carros, passavam automóveis. [...] O bonde chegou à praça da Glória. Aquele trecho da cidade tem um ar de fotografia, como que houve nele uma preocupação de vista, de efeito de perspectiva; e agradava-lhe. O bonde corria agora ao lado do mar. A baía estava calma, os horizontes eram límpidos e os barcos a vapor quebravam a harmonia da paisagem.
>
> A marinha pede sempre o barco a vela; ele como que nasceu do mar, é sua criação; o barco a vapor é um grosseiro engenho demasiado humano, sem relações com ela. A sua brutalidade a violenta.
>
> A Lola, porém, não se demorou em olhar o mar, nem o horizonte; a natureza lhe era completamente indiferente e não fez nenhuma reflexão sobre o trecho que a via passar (BARRETO, "Um e outro", 1956, vol. 5, p. 251).

Muito interessante também é observar o duplo movimento de atenção e distração: o olhar que se fixa em um objeto, um chapéu como desejo de consumo e o relance de olhar para a passagem de um automóvel, um táxi... estaria nele o *chauffeur*? A rapidez do movimento não permite discernir a imagem.

Traços da personagem são acrescidos a cada mudança de perspectiva do narrador. Quando ele se distancia mais se refere à Lola como "espanhola" e, ao mesmo tempo, projeta novamente o leitor para dentro da consciência da personagem e favorece dois movimentos: a comparação que a personagem realiza entre sua imagem e a de outras mulheres e, ainda, a confirmação de ser uma imigrante que já exercera profissão semelhante a das mulheres que vislumbra na rua. O seu olhar flagra o instante da cidade em que "carroções pejados de mercadorias" misturam-se ao "bando de estrangeiros recentemente desembarcados", entre eles algumas mulheres. Para elas:

> [...] Lola tinha um imperceptível sorriso de mofa. Que gente! Que magras! Onde é que foram descobrir aquela magreza de mulher? Tinha como certo que, na Inglaterra, não havia mulheres bonitas nem homens elegantes.
> Num dado momento, alguém passou que lhe fez crispar a fisionomia. Era a Rita. Onde ia àquela hora? Não lhe foi dado ver bem o vestuário dela, mas viu o chapéu, cuja *pleureuse* lhe pareceu mais cara que a do seu. Como é que arranjara aquilo? Como é que havia homens que dessem tal luxo a uma mulher daquelas? Uma mulata [...][31] (BARRETO, "Um e outro", 1956, vol. 5. p. 252-253).

Com rapidez, o olhar de Lola desfila sobre coisas e pessoas e nivela pessoas e objetos em importância: ambos se qualificam por seu valor de troca. Ao mesmo tempo que Lola se avalia frente ao mercado em que tudo se torna rentável, à venda, dos sentimentos mais íntimos ao corpo, especialmente das mulheres, que se juntam aos artigos de consumo. E, tão grave quanto, a constatação da personagem demonstra o desnível profundo entre o desenvolvimento técnico e a ordem social que não se renova. Na acepção de Lola, feita de preconceito, a "mulata" deveria ser mercadoria de baixo valor nesse mercado.

31. O termo aparece sem aspas no texto do autor.

Acompanhar o olhar da personagem pela cidade permite perceber a nova paisagem visual feita de chapéus, vestidos e vitrines, quase transformando a rua em teatro, com as pessoas realizando um melancólico desfile de moda. Contemplando mercadorias em exposição e, sem consciência de que também está em exposição no mercado de amantes sustentadas por comerciantes bem-sucedidos (ou que as usam para assim parecer aos outros), Lola escolhe um presente: um objeto na vitrine, dramatizando o consumo moderno que seleciona algo como se fosse único, original, mas não passa de um objeto padronizado, produzido em série, cuja singularidade se instala no *kitsch*.

> Subiu a rua do Ouvidor, parando pelas montras[32] das casas de joias. Que havia de ser? Um anel? Já lhe havia dado. Uma corrente? Também já lhe dera uma. Parou numa *vitrine* e viu uma cigarreira. Simpatizou com o objeto. Parecia caro e era ofuscante; ouro e pedrarias – uma cousa de mau gosto evidente. Achou-a maravilhosa, entrou, comprou-a sem discutir (BARRETO, "Um e outro", 1956, vol. 5, p. 254).

Toda a economia psíquica de Lola está na cidade e no espetáculo visual que tem na mudança a sua regra, por isso o enorme dissabor que sente ao ter que contemplar os olhos do Freitas, o amante oficial: "um olhar sempre o mesmo, fixo, esbugalhado, sem mutações e variações de luz" (BARRETO, "Um e outro", 1956, vol. 5, p. 253).

Aproximando-se do fim da narrativa, o leitor percebe que não houve no seu desenvolvimento um aumento gradual de tensão. Apenas uma leve suspeita acerca de uma banalidade. Quando ainda no bonde, Lola pensou ter vislumbrado o seu *chauffeur* dirigindo um táxi, mas "afugentou o pensamento e o bonde continuou" (BARRETO, "Um e outro", 1956, vol. 5, p. 252).

O final do conto traz para o primeiro plano aquela suspeita, confirmada quando acontece o que seria mais melancólico e trivial encontro de amantes. Um comentário e um pequeno gesto fazem tudo mudar e à Lola

---

32. Tanto "montra" quanto "vitrine" indicam o espaço para exposição de produtos em estabelecimento comercial, protegido por vidro. Mas é interessante a opção do autor de usar os dois termos, destacando o último com itálico.

aparece a certeza de que o amante se transformara em motorista de táxi: "Não era o mesmo, não era o semideus, ele que estava ali presente; era outro ou antes era ele degradado, mutilado, horrendamente mutilado. Guiando um 'táxi'... Meu Deus!" (BARRETO, "Um e outro", 1956, vol. 5, p. 257).

Na última cena, o narrador retoma a narrativa com o distanciamento em terceira pessoa e explica o dilaceramento da personagem: "Deitou-se a seu lado com muita repugnância, e pela última vez." (BARRETO, "Um e outro", 1956, vol. 5, p. 257).

Ao leitor fica a impressão (e o desejo) de continuidade diante da perspectiva de futuro incerto ao final do conto. E, talvez, fique a reflexão de que pessoas e objetos se equivalem nas vitrines ou transportadas em carroções no espetáculo visual urbano. Pode-se também ficar com o eco da frase dita no início do conto, durante as reflexões da personagem: "por que não procura outro mais decente?". Mas à Lola não é oferecida a percepção de que ela não dirige ou comanda o movimento desse espetáculo: é apenas figurante no teatro do consumo ou mais uma mercadoria em exibição.

"O homem que sabia javanês" ou a potência do saber

Maquiagem pode ser uma mentira, mas não se todo mundo usar. Se todo mundo usa maquiagem, maquiagem vira o jeito como a coisa é, e o que é a verdade senão o jeito de ser das coisas?

J.M. Coetzee[33]

Maior que os duros fatos, incontornáveis, só a força dos sonhos e da fantasia, do assombro e dos encantados a puxar a vida para a frente, dia após dia.

Maria Valéria Rezende[34]

---

33. COETZEE, J.M. *Diário de um ano ruim*. Tradução José Rubens Siqueira. São Paulo: Companhia das Letras, 2008, p. 95.
34. REZENDE, Maria Valéria. *Outros cantos*. Rio de Janeiro: Alfaguara, 2016, p. 37.

Um dos contos mais lidos e estudados de Lima Barreto, "O homem que sabia javanês" foi publicado na *Gazeta de Notícias*, em 1911 e, em 1915, integrou a primeira edição de *Triste fim de Policarpo Quaresma*. No prefácio do volume *Clara dos Anjos*, no qual o conto aparece na coleção *Obras de Lima Barreto*, publicada em 1956, pela editora Brasiliense, Sérgio Buarque de Holanda faz a afirmativa que marcou muitas leituras. Diz o crítico que, no conto, "a posição e a consideração social são conquistadas a um simples golpe de esperteza" (HOLANDA, Prefácio, 1956, vol. 5, p. 18).

Essa é uma leitura possível, mas há outras como o diálogo com a tradição literária (pícaro) e filosófica (o que é a verdade?).

A princípio, considerando o diálogo do conto com as crônicas, romances, correspondência e diários do escritor observa-se que o tema "saber" sempre motivou fortes reflexões na sua obra. Desde a crítica à pose do saber assegurada por gestos, trajes e falas das muitas personagens suburbanas, ou não, passando pelas deliciosas crônicas até às muitas cenas nos romances. Vale lembrar o curioso Dr. Armando Borges, de *Triste fim de Policarpo Quaresma*, e a sua manobra de trocar as lombadas dos livros a fim de não dormir durante a leitura de textos literários ou científicos. No mesmo romance há também o aprendizado do protagonista diante dos vários significados para o termo "saber" na cultura brasileira.

Em *Recordações do escrivão Isaías Caminha* o saber está em sua vitrine no jornalismo ou na própria formação intelectual e humanista do jovem narrador e protagonista. Em *Vida e morte de M. J. Gonzaga de Sá* assistimos à curiosidade intelectual do velho Gonzaga que, sem qualquer sabedoria excepcional, possuía ideias suas e próprias, sendo denominado pelo narrador de "historiador artista". Além disso, é inegável a profundidade da reflexão sobre o conhecimento em duas situações extremamente ricas nesse romance. Primeiro, a reflexão do narrador sobre a educação, o conhecimento e a felicidade: "Por que ma deram? Para eu ficar na vida sem amor, sem parentes e, porventura, sem amigos? Ah! Se eu pudesse apagá-la do cérebro! Varreria uma por uma as noções, as teorias, as sentenças, as leis que me fizeram absorver; e ficaria sem a tentação danada da analogia, sem o veneno da análise" (BARRETO, *Vida e morte de J.J. Gonzaga de Sá*,

1956, vol. 4, p. 110). Não se pode esquecer que o romance abre-se com a bela alegoria intitulada "O inventor e a aeronave" para tratar da atividade intelectual, seu investimento no método e planejamento de etapas, que tem como resultado o fracasso.

Portanto, seria somente a necessidade de mostrar o golpe de esperteza ou estratégia de sobrevivência o que motiva Lima Barreto a produzir tantas situações ficcionais cujo mote é o saber e o conhecimento?

Em "O homem que sabia javanês" a informalidade da conversa entre amigos, bebendo cerveja em mesa de bar, dá o tom da narrativa do protagonista e narrador, Castelo, feita a seu amigo, Castro, que o ouvia embevecido "gostando daquele meu Gil Blas[35] vivido" (BARRETO, "O homem que sabia javanês", 1956, vol. 5, p. 236). O amigo ouvinte, tanto quanto o leitor, acompanha as aventuras em seus detalhes sem qualquer intervenção significativa. Coerente ao espírito aventureiro e lúdico, o ritmo de como Castelo leva a vida é assim definido, isto é, nada de ocupações rotineiras ou atividades metódicas: "Isto de uma ocupação única: sair de casa a certas horas, voltar a outras, aborrece, não achas?" (BARRETO, "O homem que sabia javanês", 1956, vol. 5, p. 236).

A empreitada intelectual a que se dedica o protagonista é a de tornar-se "professor de javanês", como recurso para escapar da penúria e dos credores. E ao consultar a *Encyclopédie*, copia o alfabeto, a "pronunciação figurada", imagens da língua que dançavam como estranhos "hieróglifos" na sua cabeça. Para fixar "escrevia estas calungas na areia para guardá-las bem na memória e habituar a mão a escrevê-las" (BARRETO, "O homem que sabia javanês", 1956, vol. 5, p. 238). O tipo de aprendizado envolve o corpo – "andei pelas ruas, perambulando e mastigando letras" (BARRETO, "O homem que sabia javanês", 1956, vol. 5, p. 238) – e mantém um aspecto lúdico que zomba da curiosidade e ingenuidade alheias em torno do estudo daquela língua.

---

35. *Histoire de Gil Blas de Santillane*, de Alain-René Lesage, obra publicada entre os anos de 1715-1735, na França, considerada uma autobiografia ficcional. Apresenta, em uma perspectiva satírica, personagens de baixa extração social cuja meta é não trabalhar e sobreviver como for possível. Por meio das suas aventuras descortina-se um painel da sociedade do período. Dialoga com a tradição do pícaro espanhol.

Com o parco conhecimento adquirido, apresenta-se como "professor de javanês" e ao contemplar o aspecto externo da casa do futuro discípulo antecipa certa harmonia entre a fachada da moradia e seu dono, descrita por meios bastante sugestivos. "Devia haver anos que não era pintada. As paredes descascavam e os beirais do telhado, daquelas telhas vidradas de outros tempos, estavam desguarnecidos aqui e ali, como dentaduras decadentes ou mal cuidadas" (BARRETO, "O homem que sabia javanês", 1956, vol. 5, p. 240). A tristeza desenhada na fachada da casa completa-se com a imagem do jardim com folhagens, "de cores mortiças", corroídas pelas pragas. E, para finalizar o conjunto, a recepção ao visitante é feita por "um antigo preto africano, cujas barbas e cabelo de algodão davam à sua fisionomia uma aguda impressão de velhice, doçura e sofrimento" (BARRETO, "O homem que sabia javanês", 1956, vol. 5, p. 240).

A segunda parte da descrição abrange o ambiente interno à sala em que o aguarda o anfitrião – de quem não tinha pistas, mas os objetos já antecipam o seu perfil – e, assim, todo o espaço torna-se uma atmosfera moral e social. Tanto a galeria de retratos com "doces perfis de senhoras, em bandos, com grandes leques pareciam querer subir aos ares, enfunadas pelos redondos vestidos à balão" (BARRETO, "O homem que sabia javanês", 1956, vol. 5, p. 240), quanto a delicadeza dos objetos com desenhos de tradição e arte, sugeriam sonho e ingenuidade de criança.

> [...] mas daquelas coisas, sobre as quais a poeira punha mais antiguidade e respeito, a que gostei mais de ver foi um belo jarrão de porcelana da China ou da Índia, como se diz. Aquela pureza da louça, a sua fragilidade, a ingenuidade do desenho e aquele seu fosco brilho de luar, diziam-me a mim que aquele objeto tinha sido feito por mãos de criança, a sonhar, para encanto dos olhos fatigados dos velhos desiludidos [...] (BARRETO, "O homem que sabia javanês", 1956, vol. 5, p. 240).

A visão de conjunto apreendida por Castelo já sugere uma sensibilidade para ler o lúdico e o delicado traço artístico gravados na louça enquanto espera o dono da casa que surge, finalmente, "um tanto trôpego, com o lenço de alcobaça[36] na mão" (BARRETO, "O homem que sabia javanês", 1956, vol. 5, p. 240), cuja velhice lhe parecera "alguma coisa de augusto, de sagrado" (BARRETO, "O homem que sabia javanês", 1956, vol. 5, p. 240). A descrição do dono da casa é menos extensa que a descrição estética anterior, do espaço e dos objetos, isto porque cria-se uma espécie de unidade entre a atmosfera do ambiente e o personagem, interligados um e outro, para narrar o drama da decadência. E é nessa atmosfera que se apresenta a justificativa para o ancião aprender javanês: desejava decifrar um antigo livro, espécie de talismã capaz de garantir sorte à família.

> Veio o livro. Era um velho calhamaço, um *in-quarto* antigo, encadernado em couro, impresso em grandes letras, em um papel amarelado e grosso. Faltava a folha do rosto e por isso não se podia ler a data da impressão. Tinha ainda umas páginas de prefácio, escritas em inglês, onde li que se tratava das histórias do príncipe Kalunga, escritor javanês de muito mérito (BARRETO, "O homem que sabia javanês", 1956, vol. 5, p. 242).

O peso do volume e as marcas do tempo nele impressas ecoam a tradição do livro-talismã. Isso acontece seja por conter páginas que, avulsas, sugerem um vaticínio, seja por adquirirem um ar mágico, para quem delas é ouvinte, quando suas páginas são decifradas e transmitidas.

Diante da fadiga causada pelo estudo de tão estranha língua, o proprietário do livro aceita que o "professor de javanês" faça-lhe a tradução. E assim o velho calhamaço adquirirá os sentidos e significados conferidos pelos desejos e intenções do seu pseudoleitor, como esclarece Castelo: "[…] compus umas histórias bem tolas e impingi-as ao velhote como sendo do crônicon. Como ele ouvia aquelas bobagens!... Ficava extático, como se estivesse a ouvir palavras de um anjo. E eu crescia a seus olhos!" (BARRETO, "O homem que sabia javanês", 1956, vol. 5, p. 242).

O saber peculiar de Castelo inventa uma tradução, cria um saber para ler o livro. O conto projeta, na raiz desse conhecimento, a fabulação, que necessita da interpretação segundo a tessitura de sentidos, conforme a

---

36. Lenço de alcobaça (ou lenço tabaqueiro) feito de algodão, grande, quadrangular, em geral com fundo vermelho, azul, amarelo e é usado principalmente pelos amantes do rapé.

ambiência e desejos do ouvinte. A narrativa inverte os sentidos esperados no senso comum para conhecimento, fundamentados na ideia de que as palavras apreendem a realidade tal como ela é, quebrando a dicotomia saber e não saber, falso e verdadeiro. A leitura e interpretação do "professor de javanês" abre para a aventura de uma multiplicidade de sentidos e possibilidades. A força mágica da fabulação ressignifica o conhecimento, conferindo à imaginação o lugar de instância organizadora do mundo. "Contribuiu muito para isso o ato de vir ele a receber uma herança de um seu parente esquecido que vivia em Portugal. O bom velho atribuiu a cousa ao meu javanês; e eu estive quase a crê-lo também" (BARRETO, "O homem que sabia javanês", 1956, vol. 5, p. 244).

Entre os saberes de gramáticos, livreiros, jornalistas, estudiosos de congressos de linguística, diplomatas e o conhecimento de Castelo não há hierarquia. Se conhecer é também dominar, o processo de conhecimento do "professor de javanês" baseia-se no princípio próprio da arte: a invenção.

Lima Barreto aproxima os modos diferentes de operar a racionalidade conferindo-lhes a mesma eficácia, horizontalizando os poderes do intelecto e o prazer do deleite da ilusão.

> Acabado o congresso fiz publicar extratos do artigo do *Mensageiro de Bâle*, em Berlim, em Turim e Paris, onde os leitores de minhas obras me ofereceram um banquete, presidido pelo senador Garot. Custou-me toda essa brincadeira, inclusive o banquete que me foi oferecido, cerca de dez mil francos, quase toda a herança do crédulo e bom barão de Jacuecanga (BARRETO, "O homem que sabia javanês", 1956, vol. 5, p. 246).

A "leitura" do professor de javanês inventa e destrói mundos, muito além da função instrumental do saber e de desejo imediato de dinheiro e estabilidade. Convoca a leitura e interpretação como arte e magia, capaz de conferir ao saber, ao conhecimento, um sentido necessariamente interpretativo, artístico e, nessa perspectiva, o inventivo e a fabulação tornam-se o eixo em torno do qual o pensamento se move.

Estamos diante da compreensão do inventivo ou da atitude artística como forma de conhecimento que resiste à tradução em termos conceituais.

Coerente à atmosfera de sua época, a problematização do saber, ou do conhecimento é intensa e frequente nas obras do escritor carioca, leitor de Nietzsche (o filósofo está presente em epígrafes e citações em contos, crônicas e diários de Lima Barreto).

Para o autor de *Sobre a verdade e a mentira no sentido extramoral*, o conhecimento deriva em certa medida da linguagem, o que na cultura Ocidental produziu a crença na identidade entre ser e discurso. O filósofo combate o "entendimento de que o conhecimento se baseia em representações e que estas, ao se fazerem com palavras e conceitos, refletem a realidade" (MARTON, 2010, p.129). Nessa perspectiva, a "verdade" corresponde a obedecer e empregar as designações antecipadamente estabelecidas, o que leva a invenção e o fabular para o campo do falso e da ilusão. O conto de Lima Barreto ilumina para o leitor a suspeita sobre a possibilidade de as palavras representarem a realidade tal como é, especialmente quando, ao final, o "professor de javanês" estende um convite ao leitor, sob o pretexto de se dirigir ao amigo ouvinte.

— É fantástico, observou Castro, agarrando o copo de cerveja.
— Olha: se não fosse estar contente, sabes que ia ser?
— Que?
— Bacteriologista eminente. Vamos?
— Vamos.
(BARRETO, "O homem que sabia javanês", 1956, vol. 5, p. 246).

O convite ao leitor aponta para a potência do saber, muito além do pensamento abstrato e conceitual, ou da dicotomia ficção e realidade, porque o impulso para o conhecimento realizado por Castelo tem por fundamento o inventivo e o imagético. Como afirmou o filósofo, onde estaria a percepção correta do impulso para a verdade e o conhecimento?

> [...] entre sujeito e objeto não existe nenhuma causalidade, nenhuma correção, nenhuma expressão, mas quando muito uma relação estética, ou seja, uma transposição aproximada, uma tradução que segue o original de forma balbuciante para uma língua totalmente desconhecida: para o que, em todo o caso,

é necessária uma esfera intermediária e um poder intermediário livremente poético e inventivo (NIETZSCHE, 2005, p. 17).

A mesma problematização sobre o saber e conhecer aparece em outro conto, "Um músico extraordinário", que integra o volume *Histórias e sonhos*, organizado pelo próprio autor e publicado pela primeira vez pela Editora Schettino, em 1920.

O protagonista, Ezequiel Beiriz, é desenhado com leves traços de autobiografia como o menino que, na época de escola, preferia a leitura aos folguedos de pátios com os demais alunos, sendo leitor voraz das obras de Júlio Verne.[37] "Nenhum colega o entendia, mas todos o estimavam, porque era bom, tímido e generoso. E porque ninguém o entendesse nem as suas leituras, ele vivia consigo mesmo; e, quando não estudava as lições de que dava boas contas, lia seu autor predileto" (BARRETO, "Um músico extraordinário". In: *Histórias e sonhos*, 1956, vol. 6, p. 131).

A escolha do célebre autor francês é justificada pelo narrador como aquela capaz de instalar o sonho "no cérebro dos meninos" que se apaixonam por ele, e o "bálsamo que os seus livros dão aos delicados que prematuramente adivinham a injustiça e a brutalidade da vida?" (BARRETO, "Um músico extraordinário", 1956, vol. 6, p. 132).

Para a personagem, a leitura transforma-se numa aventura que explora a multiplicidade de sentidos e oportunidades para o conhecimento, produzindo um saber especial para enfrentar o viver. Sem regras, normas, fronteiras e anteparos, conhecer não se torna mais um fim em si mesmo, mas institui uma abertura a novas possibilidades para o pensamento, com formas de articulação que exigem interpretar, inventar.

Assim, Ezequiel Bairiz é tomado pelo prazer da fabulação e parece vivenciar uma experiência próxima dos povos poetas, citados por Nietzsche, que embelezam a vida com mentiras, mas não apresentam nenhuma culpa.

> Eles não se iludem, mas deliberadamente cercam e embelezam a vida com mentiras. Simônides aconselhava seus patrícios a tomarem a vida como um jogo; a seriedade lhes era bem conhecida na forma de dor (pois a miséria

---

37. Jules Gabriel Verne, conhecido também como Júlio Verne, grafia adotada por Lima Barreto (1828-1905).

humana é o tema que os deuses mais gostam de ver cantado) e sabiam que apenas através da arte a própria miséria pode se tornar deleite (NIETZSCHE, 2000, p. 119).

O conto traz a estratégia de diálogo entre amigos de infância que se encontram em uma inusitada cena de transporte público. O narrador, Mascarenhas, flagra o amigo Ezequiel negando-se a pagar a passagem do bonde.

— Vejas tu só, Mascarenhas, como são as cousas! Eu, um artista, uma celebridade, cujos serviços a este país são inestimáveis, vejo-me agora maltratado por esse brutamonte que exige de mim, desaforadamente, a paga de uma quantia ínfima, como se eu fosse da laia dos que pagam (BARRETO, "Um músico extraordinário", 1956, vol. 6, p.134).

Resolvido o imbróglio, Ezequiel expõe ao amigo o movimento de sua vida durante os quinze anos em que estiveram afastados. Foram muitas viagens entre o Rio, Recife e cidades da Europa em busca do conhecimento e saber. Estudou Direito em Recife, mas logo mudou de interesse: "Estava aborrecidíssimo com a natureza daqueles estudos... queria outros" (BARRETO, "Um músico extraordinário", 1956, vol. 6, p. 135). Frequentou a Escola de Belas Artes e enfadou-se de "copiar bonecos e pedaços de bonecos... eu queria a cousa viva, a vida palpitante..." (BARRETO, "Um músico extraordinário", 1956, vol. 6, p. 135). E à interpelação acerca da necessidade do início metódico e repetitivo, como um passo de cada vez, o personagem argumenta: "Qual! Isto é para toda gente... eu vou de um salto; se erro, sou como tigre diante do caçador – estou morto!" (BARRETO, "Um músico extraordinário", 1956, vol. 6, p. 135). E assim, de salto em salto, Ezequiel foi jornalista, repórter, dramaturgo, afirmando "como sou honesto intelectualmente, não tive nenhuma dor de coração em largá-las e ficar à toa, vivendo ao deus-dará" (BARRETO, "Um músico extraordinário", 1956, vol. 6, p. 136).

Comparando os contos, ambos os personagens (Castelo e Ezequiel) demonstram um franco diálogo com a tradição pícara, como uma espécie de autobiografia narrada por meio de muitas peripécias e a recusa ao trabalho. No entanto, trazem também uma grande diferença. Contrário ao risco concreto diante de um meio hostil, que marca o pícaro, os personagens do conto são salvos da instabilidade visceral, do relento e do abandono por uma providencial herança de um protetor, seja pela generosidade do barão de Jacueganga, seja pela morte de um tio rico sem filhos que deixa, a Ezequiel, uma pequena fortuna. A estratégia de Lima Barreto é muito interessante porque traz o eco da tradição picaresca e a esvazia na caracterização dos personagens e suas ações, em novo sistema referencial.

Recebido o dinheiro da herança, o deslocamento de Ezequiel se intensifica com atividades como a fundação de uma revista literária, sobre a qual não consegue projetar a sua orientação para editar até que, desiludido, embarca para a Europa encontrando na viagem de navio um piano e, finalmente, sua vocação: a música.

> [...] qual não foi o meu espanto, quando de sob os meus dedos surgiu e ecoou todo o tremendo fenômeno meteorológico, toda a sua música terrível... Ah! Como me senti satisfeito! Tinha encontrado a minha vocação... eu era músico! Poderia transportar, registrar no papel e reproduzi-los artisticamente, com os instrumentos adequados, todos os sons, até ali intraduzíveis pela arte, da Natureza. O bramido das grandes cachoeiras, o marulho soluçante das vagas, o ganido dos grandes ventos, o roncar divino do trovão, estalido do raio – todos esses ruídos, todos esses sons não seriam perdidos para a Arte; [...] (BARRETO, "Um músico extraordinário", 1956, vol. 6, p. 137).

A racionalidade presente na voz do amigo e interlocutor impõe-se com a pergunta "— Tu sabias música?" e a resposta vem rápida [...]: "— Não. Nada sei, porque não encontrei um conservatório que prestasse. Logo que o encontre, fica certo que serei um músico extraordinário. Adeus vou saltar. Adeus" (BARRETO, "Um músico extraordinário", 1956, vol. 6, p. 138).

O personagem é fortemente arrebatado pela ficção com absoluta recusa a todas as relações que, em alguma medida, não sejam favoráveis ao imagético ou à fabulação. Para Nietzsche, esse é o momento em que a arte se torna "perigosa para o artista" que passa a agir com a veemência e insensatez de uma criança. "Desse modo acontece, afinal, um violento antagonismo entre ele e os homens de mesma idade do seu tempo, e um triste fim" (NIETZSCHE, 2000, p. 122).

Por outro lado, a arte de ler também implica impor limites às múltiplas possibilidades de interpretações e à maneira como o pensamento se desdobra num determinado presente. Este conto traz o debate sobre a ficção: esta não depende somente do ato criador, mas também de quem a lê. A ficção torna-se o ponto "em que se cruzam o sonho e a vigília, a vida e a morte, o real e a ilusão" (PIGLIA, 2006, p. 29).

Lima Barreto convoca e reconfigura as classificações preconcebidas para a leitura, vindas do senso comum, que veem no leitor um ser propenso a confundir imaginação e realidade. De um lado temos a preferência de leitura de Ezequiel Beiriz que privilegia a aventura, o movimento e a deriva, extrapolando os limites físicos e da imaginação. De outro, a capacidade inventiva de Castelo diante do livro, ou da "verdade" e da tradição, constitui uma rica problematização de outra possibilidade de conhecimento que excede o cotidiano, o natural, a racionalidade e tem a ficção como motor.

A imaginação é protagonista nos dois contos e o narrador não oferece a escolha de uma versão verdadeira, não resolve as ambiguidades e dilemas, mas projeta o leitor na própria experiência narrada para que ele tome um partido ou crie seu próprio pensamento sobre as situações e seus atores. Personagens que circulam no tênue limite entre sonho e realidade e, de certo modo, desestabilizam o leitor porque atuam na fronteira entre certo e errado, verdadeiro e falso. Real e irreal ficam borrados. Teria sido a cerveja do Castelo ou as viagens de Jules Verne?

ROMANCE

Eu sou dado ao maravilhoso, ao fantástico, ao hipersensível; nunca, por mais que quisesse, pude ter uma concepção mecânica, rígida do Universo e de nós mesmos. No último, no fim do homem e do mundo há mistério e eu creio nele. Todas as prosápias sabichonas, todas as sentenças formais dos materialistas, e mesmo dos que não são, sobre as certezas da ciência, me fazem sorrir e, creio que este meu sorriso não é falso, nem precipitado, ele me vem de longas meditações e de alanceantes dúvidas.

Lima Barreto*

---

* BARRETO, Afonso Henriques de Lima. Diário do hospício. *Obras de Lima Barreto*. São Paulo: Editora Brasiliense, 1956, vol. 15, p. 50-51.

O romance de estreia: polêmica recepção[39]

> E, ainda que me representassem por inteiro e com precisão, onde me representariam, em que realidade? Na sua, que não é a mesma de um outro ou de um terceiro ou quarto. Por acaso há uma única realidade, igual para todos? Mas se vimos que não há uma nem mesmo para cada um de nós, que, dentro de nós, ela muda continuamente! E então?
>
> Luigi Pirandello[40]

Apesar de ter ficado entre os mais votados, na enquete feita com intelectuais brasileiros, em 1941, pela revista *Acadêmica*,[41] o romance *Recordações do escrivão Isaías Caminha* foi lido como uma espécie de autobiografia mal resolvida ou um romance com sérios problemas formais em sua constituição, até a primeira metade do século XX.

Foi publicado em 1907, quando Lima Barreto fundava a revista *Floreal*[42] com os amigos Antônio Noronha Santos, Domingos Ribeiro Filho, Curvelo de Mendonça, Fábio Luz, entre outros, que durou apenas quatro números, sendo o quarto e último publicado em 31 de dezembro de 1907. Na revista o escritor publica os primeiros capítulos do seu romance de estreia. O lançamento é saudado pelo crítico José Veríssimo, tanto pelos artigos teórico-críticos da nova revista, como pelo "começo de uma novela *Recordações do escrivão Isaías Caminha*". Afirma serem os textos da *Floreal*, literários

---

39. Uma versão completa desse estudo foi publicada em FIGUEIREDO, Carmem L.N. de.; FERREIRA, Ceila Maria (orgs.). *Lima Barreto, caminhos de criação*. São Paulo: Editora da Universidade de São Paulo, 2017.
40. PIRANDELLO, Luigi. *Um, nenhum e cem mil*. Tradução Maurício Santana Dias. São Paulo: Cosac &Naify Edições, 2001, p.92.
41. A revista *Acadêmica*, cujos redatores eram Murilo Mendes e Moacir Werneck de Castro, apresentava artigos sobre literatura e artes plásticas, registrando em seu Conselho Consultivo os nomes de Mário de Andrade, Portinari, José Lins do Rego, Oswald de Andrade, Érico Veríssimo, entre outros (ACADÊMICA, 1941).
42. A *Floreal* teve vida curta por não poder acompanhar o ritmo de um incipiente mercado consumidor com vitrines que ostentavam editoriais elogiosos, receitas domésticas, figurinos europeus e custos de impressão mais baixos devido a uma produção em escala maior que a artesanal, promovida pelo escritor e seus companheiros.

ou não, escritos com simplicidade e sobriedade "e com tal sentimento de estilo que corroboram tal impressão" (VERÍSSIMO apud BARBOSA, 1981, p. 179).

Após receber a edição do romance em livro, dois anos mais tarde, José Veríssimo escreve para o autor, apresentando suas impressões:

> Tem muitas imperfeições de composição, de linguagem, de estilo, e outras que o senhor mesmo, estou certo, será o primeiro a reconhecer-lhe, mas com todos os seus senões, é um livro distinto, revelador, sem engano possível, de talento real. [...] Há nele, porém, um defeito grave, julgo-o ao menos, e para o qual chamo a sua atenção, o seu excessivo personalismo (VERÍSSIMO apud BARBOSA, 1981, p. 179).

A crítica de José Veríssimo dialoga com as observações de Medeiros e Albuquerque que reconhece as qualidades do romancista e lamenta "as alusões pessoais". Classifica a obra como "mau romance" e "mau panfleto" (VERÍSSIMO apud BARBOSA, 1981, p. 177). A culminância dessas primeiras críticas dá-se na caracterização estética da obra como romance *à clef*,[43] tido como gênero inferior de literatura.

A compreensão do romance como uma autobiografia firmou-se especialmente depois da segunda edição em livro, publicada no Rio de Janeiro, em 1917, e estende-se por muito tempo. Somada a essa qualificação crescem aqueles olhares que veem, na produção do escritor, a preocupação com a vida interior das personagens, a crítica à imprensa e ao jornalismo carioca, com simplicidade de linguagem e desleixo na edição das obras. O jornalista e crítico literário Astrojildo Pereira, em 1941, dialoga com o momento de lançamento da obra, na ênfase em seu aspecto autobiográfico: "Os seus romances estão cheios de alusões e indicações de natureza autobiográfica – alusões e indicações quase sempre feitas abertamente, com um mínimo de disfarce, às vezes até sem disfarce algum" (HOUAISS; FIGUEIREDO, 1997, p. 465). Até os anos 1940, portanto, a crítica via no romance problemas

---

43. "Romance em chave" refere-se a obras nas quais pessoas ou eventos podem ser identificados pelo leitor como integrantes de um grupo ou categoria e, em geral, é movido pela intenção de promover o escândalo para obter popularidade. De todas as restrições da crítica a seu livro, essa qualificação da obra foi a que mais magoou o escritor e contra a qual lutou a vida toda.

formais, desleixo na linguagem e excessivo personalismo em sua constituição, como exemplifica o comentário de Lúcia Miguel Pereira.

> Sugerindo mais do que dizendo, insinuando as sensações para só depois contar claramente o fato que as provocara, Lima Barreto mostrou possuir neste primeiro romance que publicou, o segredo da narrativa psicológica; a arte de tornar os sucessos menos importantes do que a sua repercussão. [...] Mas, para seu e nosso prejuízo, Isaías entrando para a redação do *Globo*, muda repentinamente o rumo da narrativa, que de introspectiva passa a caricatural e se perde em minúcias de reportagem. [...] Foi o temperamento do romancista que se deixou, do meio para o fim do *Isaías Caminha*, dominar pela atitude personalista de Lima Barreto (PEREIRA, 1997, p. 451).

Nesse percurso, não podemos deixar de lado a leitura de Antônio Houaiss que suplanta a caracterização de desleixo na linguagem para nela enxergar adequação às inovações e coerência de estilo por que é decorrente de um continuado esforço de assimilação de recursos, faculdades e possibilidades para o mais eficaz uso. Não se trata de uma assimilação passiva. Lima Barreto tem constante atitude combativa e procura por todos os meios, pela diversidade, pela variedade, pelas equivalências, concomitâncias, sincretismos, mostrar que a fixidez autoritária da gramática estava longe de corresponder à realidade viva da língua nas suas infinitas potencialidades. Procurava fundar-se em autoridades gramaticais e filológicas e não é de segunda importância ressaltar que as suas estimas dentre as autoridades convirjam precisamente para aqueles gramáticos e filólogos que, justamente, são hoje considerados melhores e mais categorizados gramáticos que em seu tempo representavam a tendência moderna do estudo da língua no Brasil (HOUAISS, 1956, p. 20).

Escritores, artistas e críticos importantes, nos anos 1950, também se tornaram leitores e admiradores da obra de Lima Barreto, e, entre eles, vale destacar Sérgio Milliet, Sérgio Buarque de Holanda, o romancista Antônio de Alcântara Machado, o poeta Manuel Bandeira, além de Di Cavalcanti e Dante Milano.

Na década de 1960, o discurso sobre raça, assimilação e o papel do negro na cultura brasileira descobriu outro viés em *Recordações do escrivão Isaías Caminha*, especialmente a partir do olhar de brasilianistas americanos, como Gregory Rabassa (1997, p. 493), que pontuou o pessimismo e a ironia como marcas do escritor: "Suas observações sobre a questão racial são as mais contundentes e amargas, já que esse era o problema que o afetava mais". Predomina, todavia, o registro autobiográfico: "Era um problema que nascera com ele e o determinismo desse pecado original, como chamou, levou-o ao alcoolismo e a uma morte prematura, e impressionou tanto suas ideias que ele viu outros problemas do mesmo ângulo pessimista" (RABASSA, 1997, p. 493). O tema, com a mesma ênfase, será motivo de análise para Octavio Ianni (1985, p. 3), em artigo publicado no jornal *Folha de S. Paulo*: "O modo pelo qual se cria o negro foi registrado por Isaías Caminha, personagem de Lima Barreto. Faz um breve retrospecto de sua vida e anota que desde certa época sua condição começa a mudar. Isaías Caminha se constitui como diferente do outro e de si mesmo".

Outros críticos buscaram investigar a obra, já nos anos 1970, entre eles Osman Lins (1976), que, em *Lima Barreto e o espaço romanesco*, minimiza a dimensão biográfico-ideológica para elucidar a estrutura formal, o espaço romanesco, e considera marca da prosa romanesca de Lima Barreto a ausência de conflito, em virtude da dissociação entre seus personagens. Ao tratar de *Recordações do escrivão Isaías Caminha*, o crítico destaca ser o único livro de Lima Barreto em que o personagem principal narra a história. "Desenvolve-se a narrativa alternando-se a vida atual do narrador, em um processo que *São Bernardo* parece seguir de perto" (LINS, 1974, p. 28). E acrescenta: "Lima Barreto inaugura o tema da incomunicabilidade [...] como antecipador de nosso tempo e nossas ações" (LINS, 1974, p. 28).

Alfredo Bosi em *Figuras do eu nas Recordações do escrivão Isaías Caminha* destaca que, no romance, a narrativa movimenta-se entre o narrar e o descrever. Nela, o narrador-personagem "sofre a ambivalência de um sujeito ora rebelde, ora desencantado, ora autoilusivo, levando a vida entre o jornal, a boêmia e o subúrbio; em uma palavra, sem raiz em qualquer grupo social ou político definido" (BOSI, 2002, p. 203). Para o crítico, o narrador em primeira pessoa constrói a figura oscilante do "eu" e é capaz de transcender sua dor individual para se descobrir no outro, sem perder a consciência de si. Processo que Bosi denomina "cristalização da angústia dispersa", o que revela o talento do escritor para mostrar a face subjetiva da história do Brasil republicano.

Seria mesmo *Recordações do escrivão Isaías Caminha* um equívoco estético, a meio caminho entre a ficção e o relato íntimo?

Lendo o romance de estreia hoje

Recordações do escrivão Isaías Caminha anuncia em seu título o percurso linear da vida do protagonista, desde sua chegada, quando jovem, à cidade do Rio de Janeiro, até sua promoção a redator de um importante jornal e, depois, sua carreira política. O leitor incomoda-se diante de um final que não traz um apaziguamento e uma conclusão a essa trajetória do narrador. Sabe-se no prefácio a última informação sobre a vida do protagonista, cuja contínua insatisfação e inquietude não permitem a resposta clara: ele foi bem-sucedido?

O prefácio constitui um movimento de duplicação, com um texto dentro de outro a produzir, simultaneamente, um desdobramento e a naturalização do processo de rememorar. Esse movimento se projetará sobre todo o romance, de maneira especular, com o auxílio de um narrador-autor, à margem da trama. A voz intrusiva do autor está presente no prefácio, apresentando trama e personagem e discutindo os desdobramentos da ação a narrar. Temos, assim, uma espécie de intriga secundária – a do autor e seu processo de narrar, com os recursos escolhidos para tornar seu relato convincente, além do histórico das edições da obra, com todos os seus percalços. Essa fabulação do autor estende-se de maneira difusa pelo romance e Isaías Caminha torna-se o autor anunciado das memórias e Lima Barreto o seu escrivão.

O prefácio traz, portanto, a presença do autor, como uma voz solitária que corre paralela à trama e no cenário da narração, dramatizando a si e seu processo de narrar e seduzir seu público.

Quando comecei a publicar, na *Floreal*, uma pequena revista que editei, pelos fins de 1907, as *Recordações* do meu amigo, Isaías Caminha, escrivão da Coletoria Federal de Caxambi, Estado do Espírito Santo, publiquei-as com um pequeno prefácio do autor. Mais tarde, graças ao encorajamento que mereceu a modesta obra do escrivão, tratei de publicá-la em volume.

O meu amigo e camarada Antonio Noronha Santos, indo à Europa, ofereceu-se para arranjar, em Portugal, um editor.

João Pereira Barreto recomendou-me aos Senhores A. M. Teixeira & Cia., livreiros em Lisboa, com a Livraria Clássica de lá; e elas foram impressas sob as vistas dedicadas do Senhor Albino Forjaz de Sampaio, a quem muito devem, em correção, as *Recordações*.

A todos três, não posso, em nome do meu querido Isaías, deixar de agradecer-lhes mais uma vez o serviço que prestaram à obra.

Eu, porém, como tinha plena autorização do autor, por ocasião de mandar o manuscrito para o prelo, suprimi o prefácio, a *donnée*, que agora epigrafa estas linhas, e algumas cousas mais.

O meu intuito era lançar o livro do meu amigo, sem escora ou para-balas. Assim foi. Hoje, porém, que faço uma segunda edição dele, restabeleço o original tal e qual o Caminha me enviou, pois não havia motivo para supressão de tanta coisa interessante que muito concorre para a boa compreensão do livro. [...]

Como veem José Veríssimo disse estas palavras, logo ao aparecerem os primeiros capítulos; e, pensando serem verdadeiras as razões que expus, restabeleço o manuscrito como me foi confiado, passando a transcrever o prefácio inteiramente como saiu na inditosa *Floreal* (BARRETO, 1990, p. 15).

Primeiro observamos o relato das etapas de publicação da obra, isto é, o envio a Portugal em busca de editor, com a ajuda do amigo Antonio Noronha Santos, a justificativa para a inclusão do prefácio, que não consta na primeira edição. A seguir, apresenta, em primeira pessoa, dados da recepção da obra, com fatos relacionados à sua vida literária e, muitos deles, já conhecidos do leitor. O mais interessante é a inclusão da crítica de José Veríssimo, quando o romance apareceu, em capítulos, na revista *Floreal* – "o começo de uma novela *Recordações do escrivão Isaías Caminha*, pelo Senhor Lima Barreto, nos quais creio descobrir alguma coisa" (BARRETO,

1990, p. 16). O escritor publica na segunda edição o prefácio do "autor Isaías Caminha", que fora eliminado da primeira edição, acrescentando dados da recepção crítica e de sua trajetória pessoal de escritor, ficcionalizando, portanto, todo o processo de edição.

O prefácio apresenta três tempos diversos, mas coerentes e semelhantes ao que se verá no desenvolvimento da obra.

O primeiro tempo corresponde ao presente da publicação da segunda edição do romance (1917), quando o autor comenta a recepção crítica aos primeiros capítulos surgidos na revista *Floreal*, que ele então dirigia, e, ainda, informa que já transcorreram dez anos, tanto da primeira publicação quanto da escrita dos manuscritos por Isaías Caminha, recurso que permite narrar os acontecimentos na vida do protagonista depois do ponto final do romance.

O prefácio guarda, ainda, outro prefácio, o do pretenso autor das *Recordações*, transcrito por Lima Barreto. Nele aparece a justificativa para a escrita das memórias, que data de 1905 e marca um segundo tempo. O terceiro tempo, ainda no prefácio, trata do passado do escrivão Isaías, retomado por imagens-sínteses, a partir de reflexões, de sua trajetória anterior a 1905.

Um conjunto de fragmentos de escritas – de autor e personagem-narrador – anuncia o movimento do livro, a se constituir como uma espécie de montagem. Entre esses três tempos ficam as imagens marcantes dos estados psicológicos do protagonista, feitas de névoa, sinais místicos e com a imprecisão do claro-escuro, como frágil elo dessa narrativa que se organiza, pela montagem de fragmentos de memória, diante do leitor. Nesse processo, o protagonista raramente vislumbra o sol a pino, tampouco um céu fartamente iluminado; consegue, apenas, contemplar "uma nesga do céu", um "rasgão irregular".

No decorrer da obra, a memória do narrador intercala tempo e espaço, em um constante vaivém entre passado e presente. A saber: a trajetória do narrador quando jovem; o presente do protagonista, permeado dessas lembranças que se tornam, aos poucos, as memórias ou recordações escritas;

e o presente do autor, no prefácio, que apresenta o romance dez anos após os acontecimentos nele relatados.

Somos levados, por uma narrativa em primeira pessoa, aos primeiros anos da juventude de Isaías, sua origem e formação diante do espetáculo de saber do pai e da simplicidade da mãe, praticamente analfabeta, até o capítulo IV, quando a narrativa intercala-se com longos períodos de reflexão do protagonista para expressar profundo desalento, angústia e solidão. A força dessas lembranças causa no presente do narrador muito sofrimento: "depois de tantos anos de desgostos dessa ralação contínua pela minha luta íntima, precocemente velho pelo entrechoque de forças da minha imaginação desencontrada, desproporcionada e monstruosa" (BARRETO, 1990, p. 46).

Recordações do escrivão Isaías Caminha simula um discurso autobiográfico e aprofunda a tendência subversiva do romance, como gênero. Explora a lábil relação entre vida e obra, situando-se nesse espaço movediço que exige do leitor a habilidade para se mover sem conceder primazia a nenhum deles, permanecendo na complexa e porosa zona de ambiguidade criada pelo romance.

Apresenta como estratégia a narrativa em primeira pessoa e o discurso memorialístico, que simula a autobiografia, em um duplo processo: de um lado, a formação do jovem intelectual, em um diálogo com toda a tradição relativa aos efeitos da leitura, do saber, da ilustração; de outro, o homem mais maduro e a reflexão, via relembrança, em busca do autoconhecimento que revela a ausência de sentido e finalidade daquele processo formativo de cidadão e intelectual, em uma realidade avessa a tais princípios. O resultado produz um movimento de profunda ironia entre a forma anunciada (memórias da formação intelectual e humanística) e o conteúdo em desenvolvimento, cuja consequência é a contaminação do épico pela reflexão, o esvaziamento da ação na narrativa e um herói reflexivo, que deambula pelas ruas, redações de jornais e em torno de si.

As consequências (ou a escolha) desse processo aparecem na forma do romance, uma espécie de montagem e justaposição de vozes narrativas que se evidenciam desde o prefácio, e também se estendem por toda a obra, tendo como ponto culminante o último capítulo. Nele, o autor intervém, novamente, no discurso do personagem Isaías, como a quebrar o pacto ficcional com a fabulação do eu autoral, exatamente na explanação sobre os preconceitos acerca da capacidade intelectual de jovens pobres e mulatos, cujo exemplo é o próprio protagonista.

> [...] fiquei animado, como ainda estou, a contradizer tão malignas e infames opiniões, seja em que terreno for, com obras sentidas e pensadas, que imagino ter força para realizá-las, não pelo talento, que julgo não ser muito grande em mim, mas pela sinceridade da minha revolta que vem bem do Amor e não do Ódio, como podem supor.
> Cinco capítulos da minha *Clara* estão na gaveta; o livro há de sair...
> Penso, agora, dessa maneira; mas durante o resto do tempo em que estive no O *Globo*, quase me conformei, tanto mais que o interesse que o diretor mostrou por mim não foi nada platônico (BARRETO, 1990, p. 136).

O romance contamina-se, então, de discurso autobiográfico, assim como o autobiográfico matiza-se de ficção. Esse processo relativiza os limites do ficcional e expõe os impasses da escrita, porque

> [...] inserir alguma coisa (o discurso autobiográfico) noutra diferente (o discurso ficcional) significa relativizar o poder e os limites de ambas, e significa também admitir outras perspectivas de trabalho para o escritor e oferecer-lhe outras facetas do objeto literário, que se tornou diferenciado e híbrido (SANTIAGO, 2011, p. 17).

Também há referências ao leitor ("como podem supor"), sendo que a presença ou o desejo de interlocução fica mais evidente quando o narrador Isaías refere-se às práticas jornalísticas dos colegas. Para explicar a adaptação feita por Leporace, um dos poucos jornalistas que ainda lia, de um trecho do romance de Daudet,[44] Isaías convoca o leitor:

---

44. *Os reis no exílio* (*Le rois en exile*, 1878). Na Limana, nome dado por Lima Barreto à sua coleção de livros, aparece o registro da obra em francês. Note-se, aí, o cuidado do escritor para com o leitor ao citá-la, no romance, em português.

Os senhores lembram-se daquela passagem dos *Reis no exílio* em que Colette de Rosen, cavalgando ao lado da rainha Frederica, atira-lhe indiretas referentes ao seu silêncio em face das infidelidades do marido? Lembram-se que a rainha, sentindo o golpe [...] Pois bem. Leporace não teve dúvidas; agarrou a frase do diálogo e desenvolveu-a no seu estilo barroco, por quase uma coluna, do seguinte modo: [...] (BARRETO, 1990, p. 138).

O mundo de Isaías Caminha (a imprensa, a cidade, os intelectuais e suas ações de poder) já não é somente um dado objetivo, mas torna-se contaminado das impressões e angústias da personagem. Por outro lado, esse mundo exterior deixa suas marcas na alma do protagonista.

O escritor utiliza referências importantes do romance do século XIX, como a trajetória de formação do jovem, sua busca de êxito e realização social; a experiência urbana, tema significativo também ao romance modernista; e a proposta de "memórias", frequente nos títulos de romances da literatura brasileira. No entanto, utiliza princípios formais que já introduzem nova realização estética do romance. Produz, portanto, uma crise, que não quer dizer insuficiência de forma, fracasso ou má qualidade estética.

Recordações do escrivão Isaías Caminha introduz na literatura brasileira, das primeiras décadas do século XX, a problematização da autoria, a apresentação da escrita como experiência, e atividade inacabada, a reflexão sobre a transitividade do real e o ficcional, os impasses do narrador diante das novas tecnologias e dos complexos processos de subjetivação.

Para tanto, na forma tradicional do romance, introduz a zona ambígua entre narrador e autor, a temporalidade em que o passado escoa no presente na simulação da autobiografia, o tom lírico e reflexivo que retira da ação sua preponderância: uma montagem de princípios antitéticos que exige do leitor nova maneira de percepção.

O romance e a imprensa

> *Ser jornalista é passar a procônsul na república das letras.*
> *Quem tudo pode dizer chega a tudo fazer!*
> *Esta máxima é de Napoleão, e é fácil de compreender.*
>
> Balzac[45]

Ao propor como mote a trajetória de formação de um jovem intelectual (e, é claro, esvaziar gradativamente a linearidade dessa proposta), o autor projeta seu personagem para a vitrine da produção do pensamento na época – o jornalismo.

No fictício *O Globo*,[46] o protagonista de *Recordações do escrivão Isaías Caminha* mostra ao leitor os bastidores da produção de notícias, a partir da divisão de discursos (o gramático, o crítico literário, o poeta, o folhetinista, o ilustrador, o redator esportivo, o policial, o redator-chefe) que espelham lugares de poder.

Em *O Globo*, aparece o crítico literário Floc, ou Frederico Lourenço da Costa, personagem que recebe maior desenvolvimento entre o grupo de figuras caricatas do jornal fictício. Como crítico, Floc exercia o poder com a linguagem purpurina que abrilhantava os salões; suas frases atendiam à pompa da vida social: uma mistura de informações gerais sobre literatura e pintura, dados da psicologia chique, crônicas teatrais de espetáculos etc. Seus critérios de julgamento das obras correspondiam à importância e projeção político-econômica dos autores; a atenção a este ou àquele livro principia por quem o recomenda.

Com a criação deste personagem, o autor discute como a escrita no jornal também estava inseparável da repetição de conteúdos, estruturas e estilos já existentes e, paradoxalmente, da variação, rapidez e ritmo frenético do novo. Porém, um texto de impacto, com duração efêmera, não

---

45. BALZAC, Honoré de. *Ilusões Perdidas*. Tradução de Ernesto Pelanda e Mário Quintana. Rio de Janeiro: Editora Globo, 1951, p.197.
46. Apesar da coincidência de nomes, o título do jornal apresentado no romance não se refere ao famoso jornal *O Globo* fundado em 1925, anos depois da publicação da obra de Lima Barreto.

significa rápida produção. Sem a perspectiva maniqueísta, Lima Barreto apresenta uma gradação da abordagem de Floc: da visão exteriorizada e distante ao detalhamento de suas reações e gestos que denunciam toda a angústia de produzir sob pressão de prazos exíguos para o exigente mercado de variedade de discursos.

Além de Floc, há outros personagens: Lobo, o consultor gramatical; Ivan Gregoróvitch, jornalista "em dez línguas desencontradas"; Leporace, secretário-geral, "distribuidor de talentos e nomeador de gênios"; Adelermo Caxias, resignado, mas impregnado de tristeza por ter seus trabalhos sujeitos ao veredicto da esposa do diretor; Pacheco Rabelo Aires d'Ávila, redator--chefe do jornal, a "segunda cabeça da casa"; e Ricardo Loberant, de "fraca capacidade intelectual e resistente ao trabalho mental contínuo", é o dono do jornal, com sede de domínio e grande apetite de prazeres e mulheres.

É importante lembrar que o contexto cultural contemporâneo ao romance apresenta uma reorganização do campo intelectual, com deslocamento do prestígio do literato na disputa com outras formas de discurso e poder. Os traços de empresa capitalista já aparecem na relação do jornal com os leitores e na divisão interna de trabalho. Com as inovações técnicas que revolucionam os métodos de impressão, o crescimento das tiragens, a eficácia na distribuição e a organização de funções, vem, em primeiro plano, a informação, ao lado de nova categoria de jornalistas profissionais, caricaturistas e ilustradores. O incremento de novas seções, como moda e entretenimentos diversos, com ilustrações gráficas e fotografia, é estratégia comercial para a mobilização de lucros. Tais recursos, por outro lado, diminuem a importância e espaço de textos literários e críticos.

Na cultura brasileira, à forma espetacular de notícias, imagens e técnicas unem-se os valores tradicionais, como, por exemplo, o arranjo, o saber de fachada e título, o sentimentalismo, a imprevisibilidade na organização do presente. Por mais contraditório que pareça, as qualidades da informação (baseada na rapidez e superficialidade, nas novidades e na cientificidade instantânea para resultar em um saber frágil e fragmentário) coadunam-se com aqueles valores de nossa tradição cultural. E ainda a longa permanência da comunicação oral e, por isso, a ausência de libelos escritos; o predomínio da crítica personalista, da pilhéria, da anedota, do dito ao pé do ouvido, observações e críticas dirigidas a pessoas (e não a instituições) moldaram a imprensa e suas relações com a sociedade. Além dos apedidos e textos anônimos com críticas contundentes e ataques pessoais, a estrutura jornalística manteve-se oligárquica, paternalista na tensa relação entre latifúndio e burguesia urbana, na Primeira República.

O jornalismo do país com ainda muitos analfabetos incorpora a dinâmica da velocidade de informação, que, aliada ao sensacionalismo, promove um peculiar encontro entre o moderno e o antigo. Deste, considera-se, aqui, a forte presença do folhetim e do melodrama, produções que representaram a inserção da sociedade brasileira como consumidora de bens culturais do capitalismo editorial, ainda no século XIX. Vale lembrar que os recursos literários folhetinescos, presentes nos romances canônicos e/ou nas muitas traduções de romances folhetins, foram importantes na orientação da sensibilidade de leitores e coerentes às necessidades de um público feito mais por ouvintes que por leitores.

A coexistência e interpenetração entre romance e folhetim apresentam-se como particularidades da experiência cultural brasileira. Experiência fundada, primeiramente, no predomínio de um romantismo com dualismo de forças sociais, que sempre se resolve com solução mágica, entre aventuras e intrigas, dissolvendo as contradições sociais, recurso ideal para uma cultura que almeja a feição cosmopolita e modernizadora, mas é feita de trabalho com condições precárias. Por outro lado, características literárias, como a facilidade e a ênfase, coadunam-se com um público de auditores, em uma sociedade de iletrados, analfabetos e poucos afeitos à leitura. Segundo Antonio Candido (1980, p. 81), "a grande maioria de nossos escritores, em prosa e verso, fala de pena em punho e prefigura um leitor que ouve o som da sua voz brotar a cada passo por entre as linhas".

Incorporar as técnicas e estruturas do folhetim não significa uma deturpação ou desqualificação do romance enquanto gênero. Uma vez que, considerado acanônico (BAKHTIN, 1988), o romance possui, entre suas características de formação, o plurilinguismo, a plasticidade e a autorreflexão e, sob essa perspectiva, considera sempre a autocrítica. O caráter inacabado marca, segundo Bakhtin (1988), o centro da orientação literário-ideológica do romance, fundamentada no nível de uma realidade atual, fluida, exploradora do presente, que permite tornar o aspecto subjetivo do homem objeto de experiência e de representação.

Ao lado da reconstituição histórica e/ou descrição dos costumes, o romance permite, ainda, o aprofundamento da investigação acerca do "eu", da educação da sensibilidade e do controle das emoções. Em meio a tais dilemas de âmbito formal, o romance realiza-se, no Brasil, na convergência do capitalismo como cultura, perceptível no cotidiano oitocentista – da moda à música –, com um mercado consumidor bastante movimentado, aliado à tecnologia da imprensa feita de uma cultura visual de muitos anúncios, que orientam o consumo e as atitudes, tudo reunido para formar o cenário de brasilidade. Contexto complexo que levou o crítico Roberto Schwarz (1988, p. 29) a afirmar que "o romance existiu no Brasil, antes de haver romancistas brasileiros", em uma referência ao fato de os romances estrangeiros circularem no Brasil desde o século XVII, muito antes da fundação do romance nacional.

Lima Barreto tensiona, na própria escrita, a fratura entre essas diversas práticas discursivas. A linguagem que adota para o romance incorpora o ritmo do jornal (isso fica mais evidente na segunda parte da obra), explorando a ilusão de proximidade e de testemunho, construída pelo tom direto, períodos curtos, metonímias em sequência, diálogos breves e com expressões de uso comum. Tudo reunido sugere movimento e proximidade com o leitor, como se se tratasse da dramatização da rotina de pessoas conhecidas dos leitores, em uma analogia ao cotidiano. Ritmo de informação, com aprofundamento psicológico e imagens de folhetim.

Exemplar desse recurso é a cena em que Isaías precisa ir a uma casa de prostituição informar ao diretor do jornal sobre o suicídio de um jornalista, o crítico literário Floc. Vale a pena acompanhar o movimento. Primeiro, a entrada na casa, a descrição da ambiência e das figuras ali presentes; depois, o mergulho no passado provocado pelos objetos e pelas prostitutas, o encontro com uma velha prostituta; e, rapidamente, o corte com o diálogo direto e a informação passada ao diretor. A sequência mostra a atmosfera impressionista que inspira sensações visuais e táteis, ritmo ágil e quadro folhetinesco, sem faltar o quadro grotesco das figuras.

Penetrei com tristeza naquela casa famosa entre rapazes ricos da cidade, pelas suas orgias e pelas mulheres que a habitavam. Ali moravam as cantoras de cafés-concertos, húngaras, espanholas, francesas, inglesas, turcas, cubanas; ali moravam também as Laís da cidade, as devoradoras de patrimônios e dos grandes desfalques. [...]

Ao fundo do corredor, quase ao tomar uma pequena escada para o segundo andar, dei com uma velha prostituta em camisa, polaca pelo sotaque, de seios moles e quase sem pintura; àquela hora, a sua velhice surgia hedionda, e escaveirada, com um hálito de túmulo. Assustou-se. O porteiro sossegou-a. Subimos eu e ela. Quando nos sentiu só, ela lixou-me com sua pele, encostando-se muito a mim, passando o seu braço sobre meus ombros. Já no corredor, sob a luz de um bico de gás meio aberto, considerou bem a minha fisionomia, a minha mocidade, a falta de mulher que ela farejou logo; [...]

Recordo-me muito bem que, certa vez, não sei que tontura me deu, que me deixei arrastar pelos sentidos.

A entrada foi fácil; mas, depois acanhei-me a ponto de ter delicadezas, escrúpulos, certamente de noivo. [...] Foi naquele tempo... Adiante.

Larguei a megera com medo de sua velhice e corri à sala onde estava o doutor Loberant. Estava semiaberta. Aproximei-me da porta. A um canto havia um piano; ao centro uma mesa cheia de garrafas e copos. Pelos divãs, fumando, três pares; as mulheres em camisa e os homens também, mas mais descompostos. Em torno da mesa, uma mulher cavalgava uma espécie de tapir ou de anta. Era Aires d'Ávila, cujas peles do vasto ventre caíam como úbere de vaca. A mulher montava-o com o garbo de uma *écuyère* e ele rodava em torno da mesa como se fosse um animal de circo. Os ditos choviam, mas não os pude ouvir. Uma das mulheres deu comigo e perguntou, sem espanto, com sotaque estrangeiro:

— Que é que você quer?

Loberant voltou-se e conheceu-me logo:

— Que há Isaías?

— "Seu" Floc matou-se na redação (BARRETO, 1990, p. 133).

O efeito resulta na impressão de documento e veracidade, quase testemunho, que o leitor absorve e nem percebe que Isaías tudo observa e registra "sob a luz de um bico de gás".

É a partir da perspectiva do canto de "uma sala pequena, mais comprida que larga, com duas filas paralelas de minúsculas mesas [...] com bicos de gás que 'queimavam baixo'" (BARRETO, 1990, p. 72) que o protagonista Isaías Caminha observa a "onipotente imprensa, o quarto poder fora da Constituição" (BARRETO, 1990, p. 72). Nesse espaço "diminuto e acanhado" (BARRETO, 1990, p. 72), Isaías ocupa o lugar de espectador de um teatro de sombras, que assistirá aos personagens em cena a partir da sombra projetada na parede, pela luz bruxuleante do bico de gás. As imagens são detalhadamente descritas a partir dessa forma de olhar e as consequências resultam no traço caricaturesco.

> Do meu lugar, via-lhe a ponta dos ombros e a Aires d'Ávila inteiramente. O jogo de luzes projetava fantasticamente este último no vão da parede defronte. A sua face alongava-se desmedidamente e o crânio diminuía; o maxilar inferior avançava muito, o nariz ficava colado ao superior e vinha terminar com ele; e tudo tomava uma posição oblíqua, como se fosse uma imensa cabeça de porco (LIMA BARRETO, 1990, p. 75).

Percebe-se a coerência entre a primeira e a segunda parte do romance, com a inserção da sátira e caricatura e do tema da imprensa na trajetória de formação do jovem Isaías, uma vez que o jornalismo representava o espaço culminante de prestígio para um intelectual na época. Acompanhamos a apresentação do jornal a partir do olhar deslocado pela luz, semelhante ao produzido pelos mecanismos de ilusionismo óptico. Método complexo de visão em que o lugar fixo é substituído por vários pontos de vista, na mesma medida em que as lentes criam cenários, sobreposições, descrições, imagens.

Ainda que sob a perspectiva da meia-luz, o narrador retoma o tom de espectador que também assume a autoridade narrativa. Um grande impasse do autor: reconhece os limites da literatura para intervir na realidade, questiona a linearidade e aspectos tradicionais do romance, mas o desejo de orientar e formar o leitor interfere no ponto de vista da narrativa, contaminando-a com orientações ao leitor. Assim, mesmo sob a luz do bico de gás, a figuração da imprensa das primeiras décadas do século XX realiza-se em detalhes.

Observamos no fictício jornal a referência a inovações tecnológicas que inserem as técnicas variadas de ilustração, a luta por aumento de tiragens e vendas, a presença de recursos técnicos agilizadores da comunicação – como telefone e telégrafo –, o intercâmbio com correspondentes internacionais, a variedade de segmentos com divisão de funções – do charadista ao repórter esportivo –, além da censura e a violência da repressão, algo tão forte e intenso quanto as negociatas, favores e benesses do governo.

Lima Barreto escolhe a caricatura como modo de ver entre luzes e sombras. Coerente com o contexto de deslocamento de observador e objetos no espaço urbano, em que a visão torna-se uma experiência de fluxo, múltipla, temporal, dinâmica e fundada na corporeidade, também a atenção do observador torna-se, no contexto, flutuante e instável.

Curiosamente, no mesmo período, surgem mecanismos de normatização do corpo e da atenção e formas de controle sobrepõem-se à identidade porosa, abstrata e flutuante. "Trata-se de técnicas para administrar a atenção, para impor uma homogeneidade perceptiva com procedimentos que fixaram e isolaram o observador" (CRARY, 2012, p. 27).

Afinal, a modernização também implica tornar o indivíduo objeto de investigação e controle para a produção de novos modos de subjetivação: a inscrição dos sujeitos, e seus corpos, em um modo de subjetivação administrável, padronizável, mensurável e produto de efeitos das relações de saber e poder, sob a forma do controle de instituições e institutos ou do estudo científico e comportamental. Para Crary (2012, p. 26), os efeitos dos diferentes regimes de poder – vigilância e espetáculo – coincidem, na medida em que modos de ver se convertem em um tipo de disciplina ou forma de trabalho.

Na sociedade disciplinar, formadora de sujeitos produtivos, há dispositivos, ou redes, feitos de conjuntos linguísticos e não linguísticos situados nos cruzamentos das relações entre saber e poder. Como rede que se estabelece entre discursos, objetos e sujeitos, o dispositivo é um espaço onde se processam práticas discursivas (medidas administrativas, enunciados políticos, filosóficos, entre outros) e não discursivas (instalações arquitetônicas, instituições). "De fato, todo dispositivo implica um processo de subjetivação, sem o qual o dispositivo não pode funcionar como dispositivo de governo, mas se reduz a um mero exercício de violência" (AGAMBEN, 2009, p. 46).

Para auxiliar na identificação dos vestígios dos sujeitos nas ruas, alguns gêneros, entre eles as fisiológicas, ocupavam-se da descrição detalhada de tipos para assegurar que "qualquer um, mesmo aquele não influenciado pelo conhecimento do assunto, seria capaz de adivinhar profissão, caráter, origem e modo de vida dos transeuntes" (BENJAMIN, 1989a, p. 44). Procedimentos de identificação, como os inventados por Alphonse Bertillon[47] e Cesare Lombroso,[48] constituem regimes de controle e domesticação do corpo.

No entanto, ao contrário das fisiologias que constituíam perfis generalizados ou tipos físicos de criminosos ou suspeitos, os recursos técnicos, como a câmera e os métodos cientificistas, pretendem tornar inequívoca a identificação de uma individualidade. Revela-se, nesse caso, outra faceta da fotografia, a de ser evidência, e índice, do poder político sobre os corpos e os sujeitos. O conjunto de procedimentos aguça o olhar para os detalhes insignificantes do cotidiano, como se cada transeunte pudesse exercitar a prática detetivesca. Por outro lado, a exibição de galerias de retratos de procurados e suspeitos, assim como imagens de vítimas, atiça a imaginação e a curiosidade popular. "O corpo tornou-se um tipo de discurso involuntário,

---

47. Alphonse Bertillon (1853-1914) criou a antropometria, sistema para a identificação de criminosos baseado nas medidas do corpo que foi utilizado durante boa parte do século XX. Foi substituído pela datiloscopia, processo de identificação dos indivíduos por meio de impressões digitais. Bertillon uniu a antropometria, o recurso da câmera (com o uso da fotografia como informação e evidência), a linguagem técnica para a descrição fisionômica e corporal, dados e análise estatística, sistematizando os processos de identificação criminal (GUNNING, 2004).
48. Cesare Lombroso (1835-1909), médico italiano que desenvolveu a teoria do atavismo ou do criminoso nato, o indivíduo cuja estrutura física possui aspectos degenerativos que o distingue dos demais. O atavismo é compreendido como reaparição de características apresentadas em descendentes distantes e as anomalias (estigmas) poderiam manifestar-se por meio de formas anormais ou dimensões do crânio e mandíbula, assimetrias na face e de outras partes do corpo.

uma expressão cujo código está em posse de uma figura de autoridade em vez de ser controlada por seu enunciador" (GUNNING, 2004, p. 51).

Na capital da República brasileira a presença dos mesmos mecanismos de controle é perceptível, nos primeiros anos do século XX. "O Rio civiliza-se", mote das reformas de Pereira Passos, é um poderoso dispositivo que realiza, no espaço público da cidade do Rio de Janeiro, a intersecção de discursos médico-cientificistas; proposições políticas e filosóficas; instalações arquitetônicas e instituições; discursos e atuação de jornalistas e literatos na incipiente mídia para a construção do sujeito[49] "catita, elegante, branco", como expõe o escritor carioca.

> Os Haussmanns[50] pululavam. Projetavam-se avenidas; abriam-se nas plantas *squares*, delineavam-se palácios, e, como complemento, queriam também uma população catita, limpinha, elegante e branca: cocheiros irrepreensíveis, engraxates de libré, criadas louras, de olhos azuis, com o uniforme como se viam nos jornais de moda da Inglaterra (BARRETO, 1990, p. 101).

Matérias pagas em jornais e revistas propagam o embelezamento da cidade, cujo apogeu foi marcado pela inauguração da avenida Central. Aos críticos das reformas, restavam o qualificativo de reacionários e a acusação de falta de patriotismo. A cidade sofre a ação violenta de destruir, desabrigar, cortar, encoberta por um conceito positivo de afastamento do mal e de seu veículo: a doença, presente nas noções de velho, feio, fechado, sujo, pobre, imoral e outras. Qualquer que seja o tratamento proposto, os remédios sintetizam-se em expressões, como ventilação, iluminação, aeração, limpeza, que o discurso do governo transformava em decretos, normas e paradigmas de intervenções no espaço público e privado. Tudo

---

49. Na publicidade e na cultura desportiva, divulgada pelos jornais e revistas contemporâneos ao romance, o corpo humano apresentava-se jovem, saudável, atlético, impoluto: imagem que integra o arsenal de valores vindos dos conceitos de profilaxia, higienismo e eugenia para disseminar ações de limpeza e saúde.

50. George-Eugéne Haussmann (1809-1891) político francês que, sob o reinado de Napoleão III, reconstruiu Paris dotando a cidade de grandes avenidas e quarteirões, potente sistema de esgoto, rede de canos de gás subterrâneos para iluminar ruas e praças, arborização, novas estações de trem, teatros, escolas entre outras obras que inspiraram reformas urbanas em cidades como Nova York, Buenos Aires, Rio de Janeiro etc.

envolvido em justificativas com selo de dita imparcialidade técnica. Da preocupação com os odores fétidos da terra, da água estagnada, do lixo – no espaço público –, a ação de higienistas e administradores dirigiu-se para a precária habitação do pobre, em cortiços e favelas: o poder médico invade as casas, determina normas de conduta, derruba moradias e desloca pessoas.

Nesse contexto de dispositivos de controle, classificação e fixação, "não por acaso este esforço científico coincide com o apogeu da caricatura, o corpo desmedido [...] De um lado a norma, do outro o excesso" (PEIXOTO, 1996, p. 107).

Em *Recordações do escrivão Isaías Caminha*, o corpo desmedido dos personagens jornalistas desenha-se a partir da luz indireta não para deformar o tipo humano, mas para caracterizar: assinalar no corpo, especialmente nos traços da fisionomia do rosto, a síntese de caráter ou situação. O característico é seu objetivo. A caricatura ri da pretensa seriedade cientificista de fixar a subjetividade fugidia e Lima Barreto, no conjunto de sua obra, foi um crítico feroz da prepotência e pretenso rigor das práticas médicas e cientificistas.

A presença da caricatura no romance de estreia condiz com a forma predominante de expressão de crítica, presente nos jornais e revistas, e com a primeira parte do romance, porque o autor não opta pelo cômico, pela distância e pela superioridade, mas escolhe a proximidade, que permite a crítica. A estratégia da sátira inclui a reflexão, feita pelo próprio Isaías, e, no romance, apresenta, além do ridículo, a consciência do ridículo. O mundo da imprensa, da política, do poder e do espetáculo não é somente representado como distorcido, mas também é analisado e comentado.

Os traços de caricatura na obra marcam a descrição dos jornalistas e sua prática, na mesma medida que a sátira apresenta gradações, com situações que permitem o riso fácil; enquanto outras expressam a melancolia diante do trágico e a indiferença geral dos poderes e seus discursos.

A exemplo, um grande crime abala a cidade e a redação do fictício *O Globo*: "Uma mulher e um homem foram encontrados mortos a facadas e decapitados... Vestiam com luxo... Parecem pessoas de tratamento... Um mistério!" (BARRETO, 1990, p. 101). Qual seria a identidade dos assassinados?

Em torno da questão, o jornal elabora manchetes chamativas e enredos folhetinescos para produzir fortes impressões nos leitores, com sugestões de cenas chocantes e até sórdidas, liberadas aos fragmentos, adjetivadas com intensidade e descritas à exaustão pelo jornalista considerado "a imaginação do jornal" (BARRETO, 1990, p. 104), porque é responsável pela sensacionalização da notícia. Reportagens saturadas de emoção e suspense transmitiam a sensação visual e cinética, atendendo à finalidade de excitação do público e, consequentemente, venda maciça de exemplares. E o público, ou a alma urbana, nas ruas torna-se agitado, ansioso, excitado, tenso como resultado desse estímulo sensorial provocado pela notícia, lançada aos poucos por frequentes e apimentados boletins.

> A rua encheu-se ainda mais. Havia gente de toda a sorte: velhos, moços, burgueses, operários, senhoras – gente de todas as idades e condições. Os que ficavam mais distante, no passeio fronteiro, para ver melhor, punham-se nos bicos dos pés, cheios de ansiedade. Quando subi a escada, voltei-me um instante e vi aquela centena de pessoas, com as pálpebras arregaladas, o pescoço erguido, esforçando-se por ler aquele carapetão formidável, forjicado naquela fábrica de carapetões que se chama o jornal (BARRETO, 1990, p. 104-105).

O jornal proposto por Lima Barreto no romance é uma figuração que congrega todos os ingredientes próprios ao movimento da imprensa em geral, e do público leitor, nas primeiras décadas do século XX no Brasil. O perfil da maioria dos leitores desenha-se nas cenas que tratam da elaboração das notícias, de perfil folhetinesco e/ou sensacionalista até a produção de críticas a ações políticas e culturais.

O mais importante, porém, está na apreensão das instâncias de discurso que estimulam os choques físicos e perceptivos: Lima Barreto apresenta a linguagem do jornal como uma estratégia capaz de produzir o mesmo efeito que outras tecnologias na estrutura da experiência dos leitores. Efeito obtido graças à apropriação de estratégias folhetinescas, como suspense, mistério, redundância calculadas e ênfase no dinamismo, com senso de corte e movimento, sugerindo mais sensações do que informando. No fictício

O Globo, conforme a divisão interna de funções, havia a "imaginação do jornal", o jornalista Adelermo.

> Se havia um atentado anarquista ou um terremoto na Europa e o telegrama era por demais conciso, Adelermo tinha o encargo de desenvolvê-lo, de explicá-lo, de reconstruir a cena para o gosto público. Às vezes, pediam-se-lhe mais detalhes; o diretor queria a descrição do *complot*, a cena da "sorte", à lôbrega luz de um fumarento lampião, em uma mansarda. [...]
> Havia então complicações de topografia, ruas metidas umas nas outras; mas o terremoto que a potente imaginação de Adelermo levava às grandes cidades na Europa, passava completamente desapercebido (sic) ao público e ninguém, dias depois, se lembrava de cotejar as notícias dadas pelo *O Globo* com as que vinham nos jornais da Europa (BARRETO, 1990, p. 104).

A escolha do arranjo de linguagem que privilegia o exagero, a estratégia do suspense e as imagens fortes que atiçam sensações (semelhantes às provocadas pelo folhetim e experiências de susto e medo nas ruas) alimentam os sustos, os medos, as angústias e as situações rocambolescas, sugerindo a presença da morte, à espreita em cada esquina, apesar das novidades técnicas e do anunciado progresso. O excessivo estímulo sensorial provocado pelo sensacionalismo dos textos indica, também, a vulnerabilidade e os riscos da vida urbana, provocando, simultaneamente, fascínio e medo e o paradoxo de pequenas multidões serem atraídas por relatos, e imagens, de crimes bárbaros,[51] cenas grotescas, figuras deformadas e bizarras.

Para completar o espetáculo, a solução do crime será proposta por uma nova celebridade, das redes de poder e saber: o "grande médico da Faculdade da Bahia, literato, alienista e clínico ao mesmo tempo" (BARRETO, 1990, p. 107), que sugere mensurações antropológicas para a identificação dos cadáveres decapitados. No entanto, a identidade dos mortos é descoberta pela curiosidade de um dono de hotel barato, por mera obra do acaso.

---

51. Se a imprensa à época registrou e estimulou os ataques sensoriais da modernidade, hoje um certo tom distópico e impressões chocantes fascinam o público nas mídias sociais.

Outra situação fictícia apresenta a capacidade do discurso da imprensa movimentar "uma espécie de poeira humana que os motins levantam alto e dão heroicidade" (BARRETO, 1990, p. 123). A serviço de interesses financeiros, o jornal configurado no romance *Recordações do escrivão Isaías Caminha* contribui para acirrar os conflitos e a revolta da população à margem dos projetos de embelezamento e "civilização". Na temática subjacente das notícias e manchetes, os jornalistas incitam o motim contra o uso obrigatório de calçados.[52]

> As vociferações da minha gazeta tinham produzido o necessário resultado. [...] Durante três dias a agitação manteve-se. Iluminação quase não havia. Na rua do Ouvidor armavam-se barricadas, cobria-se o pavimento de rolhas para impedir as cargas de cavalaria. As forças eram recebidas a bala e respondiam. [...]
>
> No jornal exultava-se. As vitórias do povo tinham hinos de vitórias da pátria. [...]
>
> [...] Houvera muitas mortes assim, mas os jornais não as noticiavam. Todos eles procuravam lisonjear a multidão, mantê-la naquelas refregas sangrentas que lhes aumentava a venda. [...] Entretanto eu vi morrer quase em frente ao jornal um popular. Era de tarde. O pequeno italiano, na esquina, apregoava os jornais da tarde: *Notícia! Tribuna! Despacho!*
>
> [...] O pequeno vendedor de jornais não teve tempo de fugir e foi derrubado pelos primeiros cavalos e envolvido nas patas dos seguintes, que o atiraram de um lado para outro como se fosse um bocado de lama (BARRETO, 1990, p. 123-124).

As imagens escolhidas pelo escritor – "o pequeno vendedor" "derrubado por cavalos" e atirado de um lado para outro "como se fosse um bocado de lama" – poderiam ter sido extraídas dos relatos de crimes, acidentes, perseguições, raptos, prisões e variedades de mortes que ilustravam as manchetes sensacionalistas cotidianas. O interessante é observar

---

52. A escolha do tema "sapatos obrigatórios" é muito interessante como estratégia satírica. De um lado, o "andar claudicante" que denuncia a falta de hábito de calçar sapatos, pela origem humilde (andar descalço fora hábito imposto aos escravos e, aos mais pobres, por dificuldade econômica) ou rural "seria o efeito cômico muito utilizado no circo, no teatro de revista e no cinema popular brasileiro" (SEVCENKO, 1998, p. 556). Por outro lado, denuncia a violência e a alienação dos mais pobres dos processos de modernização.

como a linguagem do romance absorve outra instância do discurso para esvaziá-lo da função inicial de forma especular: a apropriação das imagens do discurso sensacionalista permite reconfigurar ao leitor sua dimensão, finalidade e alcance. O relato-testemunho do narrador silencia o barulho do espetáculo.

A morte do pequeno jornaleiro é emblemática. Morre, como outras pessoas nas ruas, vítima de uma guerra que não conhece, mas sua morte complementa o espetáculo diário. A mensagem jornalística provoca a violência e a brutalidade, e o texto do romance muda de tom, passando do riso fácil da sátira ao trágico. Sob essa perspectiva trágica, não ocorre a explosão de mundos e verdades, apenas passividade e espetáculo: a cena pode indicar um prenúncio, o de que, por todo o século XX, as pessoas terão os sentidos embotados e atitudes passivas diante de tantos estímulos visuais e cinéticos diários, concomitantes. A indiferença, a anestesia moral ou social e a impotência serão alguns de seus efeitos.

Triste fim de Policarpo Quaresma

> *Meus olhos brasileiros se fecham saudosos.*
> *Minha boca procura a "Canção do exílio".*
> *Como era mesmo a "Canção do exílio"?*
> *Eu tão esquecido de minha terra...*
> *Ai terra que tem palmeiras*
> *Onde canta o sabiá*
>
> Carlos Drummond de Andrade[53]

O romance veio a público em 57 folhetins do *Jornal do Comércio*, edição da tarde, de 11 de agosto a 19 de outubro de 1911. A primeira edição em livro data de 1915. E traz questões como:

---

53. ANDRADE, C. D. Europa, França e Bahia. In: *Poesia e prosa*. Rio de Janeiro: Nova Aguilar, 1983, p. 74.

Memória e identidade cultural

Nas primeiras décadas do século XX, acontece uma radical problematização por parte de médicos, engenheiros, educadores e literatos de seu papel perante o país e a cultura. Procuravam argumentar com a sociedade que os primeiros anos da República representavam o momento histórico de "fundação" ou "refundação" do país e a regeneração do povo. Num diálogo tenso com o passado histórico, propunham "novas técnicas", "novo saber", "nova sociedade" além de um "novo governo".

Com *Triste fim de Policarpo Quaresma*, Lima Barreto propõe uma interessante viagem à cultura brasileira a partir do enfrentamento, no romance, dos conflitos que constituem a identidade cultural e suas tensões. E tudo começa com a "Lição de violão", título do primeiro capítulo do romance que chama a atenção para o instrumento associado à vadiagem e à boêmia. Apesar da má fama, o violão participa da vida social urbana do país como instrumento de acompanhamento de modinhas, lundus, cançonetas, maxixes, samba. Xisto Bahia (1841-1894), João Teixeira Guimarães, mais conhecido como João Pernambuco (1883-1947), e Catulo da Paixão Cearense[54] (1863-1946) foram os mais famosos violonistas responsáveis pela introdução do instrumento nos salões tradicionais e abastados.

Paulatinamente, o campo musical popular começa a fazer parte do debate sobre a nação e a identidade cultural em meio ao aparecimento de novas sociabilidades com a modernização da vida urbana que já prenuncia a figura do ouvinte-consumidor.

No romance, o professor de violão surge na figura de Ricardo Coração dos Outros por meio do interessante embate entre a maleabilidade do artista no manejo do violão e a rigidez do velho Quaresma, cujo desejo de aprender

---

54. O escritor também opta por fazer referência em *Marginália*, volume de crônicas que organizou, a Catulo da Paixão Cearense, "figura considerada popular pela classe média, por um grupo de intelectuais e sempre desejoso de aprovação por parte das celebridades" (TINHORÃO, 2000, p.19) que se autointitulava "papa dos cantores". Catulo compôs, em 1911, em parceria com João Pernambucano, "Luar do sertão" e "Cabocla di Caxangá" sucesso nos carnavais de 1913/1914. Pouco se fala dessa parceria, atribuindo-se a autoria das canções a Catulo que introduziu o parceiro nos salões tradicionais (em 1908, Catulo levou o violão ao Instituto Nacional de Música). Mas vale lembrar que, finda a parceria, João Pernambuco tornou-se um dos expoentes da tradição do choro e exemplo da inserção gradativa do violão na vida cultural (LLANOS, 2016, p. 235).

o instrumento provoca espanto a seus vizinhos de subúrbio, afinal "um homem tão sério metido nessas malandragens" (BARRETO, *Triste fim de Policarpo Quaresma*, 1956, vol.2, p. 29). O desejo do major surgiu depois de farta pesquisa sobre a busca de expressão artística nacional que localizou a modinha como "a mais genuína expressão da poesia nacional e o violão o instrumento que ela pede" (BARRETO, *Triste fim de Policarpo Quaresma*, 1956, vol.2, p. 30). O seu objetivo seria disciplinar a modinha e extrair dela um forte motivo original de arte. Mas, seria necessário aprender a malemolência do violão e seu ritmo, despertar a sensibilidade para a variação, a emoção e o movimento. "Major, o violão é instrumento de paixão. Precisa de peito para falar... É preciso encostá-lo, mas encostá-lo com macieza e amor, como se fosse amada, a noiva, para que diga o que sentimos..." (BARRETO, *Triste fim de Policarpo Quaresma*, 1956, vol. 2, p. 41).

Para pensar o país seriam necessárias "reformas radicais", como sugere o título do segundo capítulo do romance que também indicará nova etapa na viagem de Policarpo Quaresma pela cultura brasileira. Dessa vez em busca de tradições populares nacionais registradas pela memória coletiva. A exaustiva pesquisa por lendas, canções, danças, anedotas populares levou-o ao encontro de criações estrangeiras como alicerces da tradição nacional. Na ótica de Policarpo Quaresma, duas grandes decepções resultam daí: as nossas primeiras manifestações culturais são estrangeiras e o caráter momentâneo e provisório das tradições e costumes.

Ainda alimentado pela crença no historicismo, de que é possível conhecer o passado "tal como ele ocorreu", Quaresma visita a casa da velha Maria Rita, sobrevivente do Império, época em que fora escrava, em busca de respostas. Ao contrário dos conceitos iluministas de progresso, civilização e ascensão linear da história, o romance propõe outra imagem da história e da cultura a partir do aspecto do interior da casa que constitui um cenário disforme, variado, assemelhando-se a um painel de montagem da cultura. Na verdade, a casa de Maria Rita sugere que existem muitas memórias coletivas, como mostram os objetos que decoram as paredes: de recortes de jornais a imagens de santos. Um caleidoscópio de tempos e espaços díspares e simultâneos.

Pelas paredes, velhos cromos de folhinhas, registros de santos, recortes de ilustrações de jornais, baralhavam-se e subiam por elas acima até dous terços de altura. Ao lado de uma Nossa Senhora da Penha, havia um retrato de Vítor Emanuel[55] com enormes bigodes em desordem: um cromo sentimental de folhinha – uma cabeça de mulher em posição de sonho – parecia olhar um São João Batista ao lado (BARRETO, *Triste fim de Policarpo Quaresma*, 1956, vol. 2, p. 42).

A casa de Maria Rita com imagens em desordem não agradou Quaresma e, além disso, a velha senhora não se lembrava mais de qualquer canção, lenda ou imagem do passado. Afinal, "a memória de uma sociedade se estende até onde – quer dizer, até onde atinge a memória dos grupos de que ela se compõe" (HALBWACHS, 2006, p. 105). E nesse caso, a memória cultural é múltipla na sua riqueza, enredada na sua forma e justapõe as inúmeras heranças recebidas criando frágeis elos.

Todo o movimento da memória de acontecimentos, que já não têm um grupo como suporte e se dispersa na sociedade, encontra na narrativa o único meio de preservar as lembranças (HALBWACHS, 2006, p. 101). E, assim, tudo o que é lembrado também se torna arquivo, com índices, catálogos, pastas e livros ordenados nas estantes. Por isso, na busca pela tradição, o próximo passo do protagonista Quaresma é a visita à casa de um colecionador. "Era um velho poeta que teve sua fama aí pelos setenta e tantos, homem doce e ingênuo que se deixara esquecer em vida, como poeta, e agora se entretinha em publicar coleções que ninguém lia, de contos, canções, adágios e ditados populares" (BARRETO, *Triste fim de Policarpo Quaresma*, 1956, vol. 2, p. 52).

Objetos, documentos, narrativas são arrancados do contexto para se converterem em objetos a serem contemplados (SÁNCHEZ, 1999). A memória é substituída pela classificação. "A sala em que foram recebidos era ampla; mas estava tão cheia de mesas, estantes, pejadas de livros, pastas, latas, que mal se podia mover nela. Numa lata lia-se: Santa Ana dos Tocos;

---

55. Parece tratar-se de Vítor Emanuel II, também conhecido como "Pai da Pátria", que foi o rei da Sardenha de 1849 até 1861. Responsável pela unificação da Península Itálica, convertendo-se em rei da Itália.

numa pasta: São Bonifácio do Cabresto" (BARRETO, *Triste fim de Policarpo Quaresma*, 1956, vol. 2, p. 52). Retiradas do seu contexto, as narrativas sujeitam-se à lógica da coleção.

A solidão do poeta colecionador encontra eco na alma de Quaresma que nele vê um "semelhante no deserto". Da mesma forma, o narrador impõe ao leitor o entusiasmo do velho poeta em contar lendas "sem perguntar se estavam dispostos a ouvir". Assim, o leitor, Quaresma e o vizinho general Albernaz tornam-se ouvintes de uma das muitas histórias populares, reunidas sob o título de *Histórias do mestre Simão*, que integra a coleção.[56]

A coleção forma um grande conjunto de objetos que remetem mais ao encontro com o próprio colecionador, que particulariza os objetos e singulariza-se a si mesmo, registrando sua história pessoal na direção das relíquias, suas pequenas conquistas nesse sentido: "Ainda há dias recebi uma carta de Urubu-de-Baixo com uma linda canção. Querem ver?" (BARRETO, *Triste fim de Policarpo Quaresma*, 1956, vol. 2, p. 52). O colecionador renova-se a cada relíquia encontrada pois a posse, o domínio, é a relação mais íntima que possui com as coisas que reuniu e, no dizer de Walter Benjamin, "não que elas estejam vivas dentro dele; é ele que vive dentro delas" (1987, p. 235).

Assim, encenar o ritual e a dança antigos é um renascimento individual, e não resgate da memória coletiva, porque significa o encontro com os objetos e imagens desprendidos de suas conexões primitivas. No arquivo de máscaras que é a história humana, Quaresma se apoderou de uma, mas o seu deslocamento em relação a ela – ao passado e à história das pessoas que a utilizaram –, indica que utilizá-la no presente pode representar um sentido diverso e uma experiência, no mínimo, frustrante.

É esperada, portanto, a decepção de Quaresma quando incorpora ao seu cotidiano a memória reunida pelo colecionador como "coisa viva" e a percebe distanciada e estranha ao movimento da sociedade, sem qualquer nexo com o presente. Ao encenar a dança da tradição popular, com a

---

56. Curiosamente, também o escritor Lima Barreto pesquisou e registrou em um *Caderno de anotações* muitas lendas, cuidadosamente copiadas e numeradas, e algumas foram selecionadas para integrar o romance *Triste fim de Policarpo Quaresma*, como parte da coleção de histórias do poeta colecionador.

máscara e todo o ritual correspondente, chamada "Tangolomango",[57] frente a convidados de uma festa suburbana, o major Quaresma quase morre sufocado com a vestimenta. "Assim ia executando com grande alegria da sala, quando pela quinta estrofe lhe faltou o ar, lhe ficou vista escura e caiu. Tiraram-lhe a máscara, deram-lhe algumas sacudidelas e Quaresma voltou a si" (BARRETO, *Triste fim de Policarpo Quaresma*, 1956, vol. 2, p. 55).

Em sua trajetória de "escavador" de imagens culturais, Quaresma compreendeu ser a língua o solo onde o passado está depositado e encontrou a língua tupi-guarani.[58] As situações ficcionais desencadeadas na sequência logo chamam a atenção para o estranhamento em relação à alteridade indígena no interior da nação, especialmente quando o major Quaresma redige um requerimento às autoridades solicitando a mudança da língua portuguesa para tupi-guarani. Justifica o pedido considerando a capacidade de adaptação da língua aos órgãos vocais e à organização cerebral dos brasileiros. Toma por base os princípios da biologia aplicados à ciência social para combater nossa classificação de "menos evoluídos" no contexto internacional. A saída seria uma língua mais adequada. À tendência evolucionista une-se a tradição romântica: é preciso uma língua que dê conta de traduzir as nossas belezas. A proposta provoca riso e escárnio e Quaresma, apesar de bem intencionado – "vivia imerso no seu sonho, incubado e mantido vivo pelo calor de seus livros" –, torna-se uma figura estranha aos olhos alheios motivo de deboche. Custa-lhe compreender a grande distância entre as teorias e relatos que lera nos livros e os paradoxos da vida cultural.

---

57. Tangolomango: Cantiga popular ou uma forma tradicional de parlenda, como uma parlenda longa em estrutura decrescente, que produz certa repetição, certo nonsense e que parece nunca acabar. O romance faz referência a uma versão semelhante recolhida por Câmara Cascudo em fontes espanholas e portuguesas. Os seus versos ritmados e rimados constituem uma narrativa e, geralmente, em cada estrofe, diminui-se um personagem acometido por algum malefício, até que reste nenhum! Informe a partir de pesquisa de Liane Castro, professora da Faculdade de Educação da UFBA, compartilhada em seu blog oficinasdealfabetizacao.blogspot.com.br e disponível em: https://www.aletria.com.br/blog?-single=Deu-Tangolomango-5-livros-infantis-de-contagem-regressiva Acesso em 30 abr. 2019.
58. Pesquisadores indicam que para o caso Tupi Guarani, "este etnônimo e os discursos sobre sua conformação tanto correspondem, na relação com o Estado e as políticas públicas, ao lugar da etnia – apresentando-se como "unidade", "cultura", por exemplo –, como, por outro lado, traduz aos não indígenas algo do mundo ameríndio" (MAINARDI, 2017, p. 77).

O interessante destacar é que, nessas breves passagens das ações do protagonista, Lima Barreto toca em vestígios da cultura e dos dilemas entre memória e esquecimento. Expõe as dificuldades para tratar de memória cultural e, sobretudo, sugere como são desconhecidas as tradições de povos e culturas nos discursos de interpretação da nação, vigentes na Primeira República. Com tal estratégia faz pensar no legado, que fica para o presente, da tradição oral e da percepção da historicidade ameríndia[59] reduzida na expressão "tupi-guarani". Expõe, portanto, o fio histórico do passado no processo de formação do imaginário nacional brasileiro.

Outra experiência interessante de Policarpo, em sua viagem à cultura brasileira, é o contato com os vários sentidos e nuances do verbo *saber*. Distraidamente, redige um documento em tupi que um colega de repartição, de propósito, troca e encaminha para o diretor assinar. Este também não percebe o equívoco e o escândalo se forma com a repercussão do gesto nas diferentes repartições públicas. Em nome do *saber*, como *poder* a chefia questiona Policarpo que, embaralhado, não associa ambos os termos.

— Quem escreveu isso?
[...]
— Fui eu.
— Então confessa?
— Pois. Mas Vossa Excelência não sabe...
[...]

---

59. Em nossos dias, alguns trabalhos publicados lançam as bases para que se compreenda as particularidades das artes verbais ameríndias, extremamente diversas, ricas e complexas, a partir da associação entre métodos desenvolvidos pela antropologia linguística e pela etnologia. Algumas antologias representam esforço, ainda mínimo, de abrangência dessas artes, desde compilações de narrativas em prosa corrida (MINDLIN, BETTY et al. *Couro dos espíritos*. Namoro, pajés e cura entre os índios Gavião-Ikolen de Rondônia. São Paulo: Senac / Terceiro Nome, 2001) até outros que associam o trabalho de criação literária individual às traduções e reescrituras de fontes tupinambá e guarani (MUSSA, Alberto. *Meu destino é ser onça*. Mito tupinambá restaurado. Rio de Janeiro: Record, 2009). Segundo Pedro Cesarino, contos e narrativas ameríndias já vêm sendo documentadas desde o século XIX, mas, a partir das décadas de 1970 e 1980, autores identificados a uma certa "abordagem da cultura centrada no discurso" começam a ir além dos resumos e traduções literalizantes em prosa corrida, do menosprezo das qualidades rítmicas e discursivas das expressões orais, típicas das produções anteriores (CESARINO, Pedro, 2018, p. 217-218).

— Não sabe! Como é que o senhor ousa dizer-me isto! Tem o senhor porventura o curso de Benjamin Constant? Sabe o senhor Matemática, Astronomia, Física, Química, Sociologia e Moral? Como ousa então? Pois o senhor pensa que pode ter lido uns romances e saber um francesinho aí, pode ombrear-se com quem tirou grau 9 em Cálculo, 10 em Mecânica, 8 em Astronomia, 10 em Hidráulica, 9 em Descritiva? Então! (BARRETO, *Triste fim de Policarpo Quaresma*, 1956, vol. 2, p. 93).

"Desinteressado de dinheiro, de glória e posição, vivendo numa reserva de sonho", Policarpo Quaresma fica perplexo diante das formas em que o saber se reveste para impor autoridade, imprimindo como fetiches, categorias externas ao indivíduo, mas que o rotulam como sábio: as notas, as disciplinas e a vida acadêmica, os títulos, as leituras técnicas tudo envolvido nas roupagens vistosas de anéis, cátedras, diplomas e discursos que vão das palavras agradavelmente articuladas, argumentos sedutores até a violência e força de que também se reveste o pseudoconhecimento. Ao leitor fica a questão: o que é saber? Seriam os títulos ou seriam a tolerância para o diferente e a civilidade que valoriza a condição humana? E aqui confirma-se o diálogo entre as obras do escritor – as mesmas questões já foram tratadas por nós na perspectiva de suas crônicas e contos.

Quando procura respostas para a questão, Quaresma sofre punição severa: deixa de ser o ingênuo de miolo mole, conforme seus vizinhos suburbanos o classificavam, para ser enquadrado no perfil do insano, fora do juízo que deve ser afastado do convívio social, trancafiado num hospício.

Palavra, país, paisagem

> *Era uma dessas tardes, que parecem resumir em si o quanto de belo, de luxuriante, e de poético ostenta o firmamento no Equador; era uma dessas tardes que só Bernardin de Saint-Pierre soube pintar no delicioso Paulo e Virgínia, que deleita a alma, e a transporta a essas regiões aéreas, que só a imaginação compreende, e que divinizando as nossas ideias, nos torna superiores a nós mesmos.*
>
> Maria Firmina dos Reis[60]

60. REIS, Maria Firmina dos. *Úrsula.* 7ª edição revista e ampliada. Belo Horizonte: Editora PUC Minas, 2018, p.127.

> *Os morros escalvados, por onde trepa teimosamente uma flora tolhiça, de cafezais de 80 anos, ralos e ressequidos, mas revelando os alinhamentos primitivos; [...] Sucedem-se choupanas pobres, em ruínas umas – tetos de sapé caídos sobre montes de terras e paus, roliços –; habitadas, outras centralizando exíguas roças maltratadas, à beira dos córregos apaulados, onde os lírios selvagens derramam, no perfume insidioso, o filtro das maleitas.*
>
> Euclides da Cunha[61]

O personagem Policarpo Quaresma também empreende uma viagem em direção à riqueza e exuberância da terra simbolizada, no romance, por suas aventuras num sítio, ironicamente chamado de "Sossego", local, segundo o narrador, que "não era feio, mas não era belo".

E é com a força do extraordinário "Golias" (nome de um dos capítulos em que se acirra a luta do protagonista com a terra) que Policarpo decide comprovar a prodigalidade do paraíso. Planeja ainda, com toda determinação, as transformações da base agrícola, sem, contudo, deixar de exalar sonhos que bebem nas fontes do extraordinário.

> E ele viu então diante dos seus olhos as laranjeiras em flor, abertas, muito brancas, a se enfileirar pelas encostas das colinas, como teorias de noivas; [...] as jabuticabas negras a estalar dos caules rijos; os abacaxis coroados que nem reis, recebendo a unção quente do sol; as abobreiras a se arrastarem com flores carnudas cheias de pólen; as melancias de um verde tão fixo que parecia pintado; [...] as jacas monstruosas, os jambos, as mangas capitosas; e dentre tudo aquilo surgiu uma linda mulher, com o regaço cheio de frutos e um dos ombros nu, a lhe sorrir agradecida, com um maternal sorriso demorado de deusa – era Pomona, a deusa dos vergéis e dos jardins!... (BARRETO, *Triste fim de Policarpo Quaresma*, 1956, vol. 2, p. 120).

Que pensamento de paisagem contamina o olhar de Policarpo Quaresma? Por que imagens de rios, mares, florestas, coqueiros e palmeiras e uma natureza exuberante acalentam sonhos e sentimentos de identidade cultural? Como podemos compreender a força de imagens, criadas pela literatura?

61. CUNHA, Euclides. Contrastes e confrontos. In: *Obra Completa*. Rio de Janeiro: Nova Aguilar, 1995. p. 208-209.

Em pleno século XXI, cercados de tecnologias múltiplas, os brasileiros ainda se deixam encantar pelas imagens que desenham, a partir da natureza, o Brasil "lindo e trigueiro", com "cascatas murmurantes" e de "noites claras de luar". Imagens que integram natureza e cultura, pátria e paisagem como na letra da famosa *Aquarela do Brasil*, de Ary Barroso.

Paisagem, nesse processo, é um sistema que contém um lugar real e seu simulacro, um espaço representado e, simultaneamente, um espaço presente (MITCHELL, 1994). O olhar do brasileiro habituou-se a ver a paisagem exuberante, de terra farta e rios caudalosos, apesar dos efeitos perversos da colonização predatória e dos recursos naturais nem sempre tão prodigiosos. Isto porque "a paisagem não é a região, mas certa maneira de vê-la ou de figurá-la como 'conjunto' perceptiva e esteticamente organizado: ela jamais se encontra somente *in situ*, mas sempre também *in visu* e/ou *in arte*" (COLLOT, 2013, p. 50).

A descrição sensível, inerente a toda e qualquer paisagem depende do tipo de olhar, da educação visual do observador, das estratégias de observação e do respectivo contexto. Imagens prévias, criadas pela literatura ou pintura, orientam a percepção do espaço e mesmo um olhar errante insere-se num quadro cultural, pressupondo a existência do conhecido, como ponto de referência para o observador viajante.

> Não se abre um livro de viagens em que não se encontrem descrições de caracteres e de costumes, mas fica-se espantado ao verificar que essas pessoas, que tanto descreveram coisas, só disseram o que cada um já sabia, só souberam perceber, no outro lado do mundo, o que poderiam notar sem sair de sua rua (ROUSSEAU, 1983, p. 300).

Nesse seu *Discurso sobre a origem e os fundamentos da desigualdade entre os homens*, Rousseau chama a atenção para o fato de que quando o viajante fala do lugar visitado, reelabora o seu próprio lugar de origem, permanecendo em diálogo franco com suas referências, que podem ser revistas, negadas ou reiteradas. Tal dialética do olhar completa-se quando se consideram as consequências, para a cultura visitada, do olhar que se concretiza em imagens recorrentes, catalisadoras e emblemáticas para a construção de uma identidade cultural.

Os relatos, cartas e a iconografia dos primeiros viajantes compõem um estoque de imagens que guardam a paisagem em nossa memória coletiva. Entre os mais importantes está a *Carta* de Pero Vaz de Caminha (antigo funcionário da Casa da Moeda e designado escrivão da futura feitoria de Calicute). A certidão de registro da descoberta do Brasil forma-se por uma conjunção de utopias caracterizadoras do olhar que descreverá a terra. Como agente da burocracia estatal, Caminha atende aos princípios determinantes da política de expansão mercantilista ao relatar as limitações técnicas da comunidade indígena, tanto pela forma de trabalho, que considerou primitiva, quanto pelos hábitos que os distanciavam das possíveis relações comerciais, semelhantes às asiáticas e africanas.

> Nela, até agora, não pudemos saber que haja ouro, nem prata, nem coisa alguma de metal ou ferro; nem lho vimos. Porém a terra em si é de muito bons ares, assim frios e temperados como os de Entre Douro e Minho, porque neste tempo de agora os achávamos como os de lá.
> Águas são muitas; infindas. E em tal maneira é graciosa que, querendo-a aproveitar, dar-se-á nela tudo, por bem das águas que tem.
> Porém o melhor fruto, que nela se pode fazer, me parece que será salvar esta gente. E esta deve ser a principal semente que Vossa Alteza em ela deve lançar. E que aí não houvesse mais que ter aqui esta pousada para esta navegação de Calecute, bastaria. Quando mais disposição para se nela cumprir e fazer o que Vossa Alteza tanto deseja, a saber, acrescentamento da nossa santa fé (CAMINHA, 1977, p. 177).

Para Silviano Santiago (2006), a *Carta* registrou um estoque de imagens que marcarão os textos sobre a cultura, a terra e o país. O autor identificou os discursos evangélico e leigo trabalhando num único plano semântico, evidentes no uso dos verbos "lançar" e "plantar".

Por um lado é *indispensável* que – metaforicamente – os missionários portugueses *plantem* na nova terra a semente da palavra de Deus e, pelo outro é *dispensável* aos civilizadores o trabalho de plantio da semente vegetal na terra selvagem, pois esta é em si ubérrima (SANTIAGO, 2006, p. 89).

Assim, na descrição do país e nos discursos críticos sobre ele inscrevem-se "alta taxa metaforizante por um domínio dos valores ditos espirituais e/ou religiosos sobre os valores materiais e/ou humanos" (SANTIAGO, 2006, p. 89). Se, por um lado, no trabalho religioso o homem será sujeito da ação, guiado pela obediência ao rei e à fé, por outro, a natureza por si só será responsável pela transformação da semente.

Não foram, pois, somente os limites de mares e terras, as fronteiras alargadas à época das grandes viagens marítimas e das descobertas: esgarçaram-se os limites entre realidade e imaginário para sustentar as ações e contaminar o olhar dos desbravadores para a paisagem. Na disputa de culturas diferentes para o controle do espaço, mares e rios, florestas e campinas povoaram-se de cardumes, bandos e rebanhos divinos ou infernais; penhascos foram tomados por gigantes; monstros humanos e canibais desenharam-se ao lado do caráter dócil, inocente e prestativo do selvagem associado à velha teoria da bondade natural ou do éden antes do pecado. Todas ficções plausíveis, verossímeis e socializadas, tanto na produção como na recepção, no processo da atividade colonial.

Dentre os mais conhecidos registros de viajantes encontra-se o texto de Hans Staden, o aventureiro alemão, publicado em 1557 com o título *Viagem ao Brasil*, marcado, também, pela tensão entre o relato sobre o vivido e o ficcional. Considerado português, o alemão Staden é preso como inimigo por índios tupinambás, ameaçado de morte e devoração canibal. O seu texto relata sobretudo a astúcia em se livrar da condição de prisioneiro dos tupinambás, simulando certo controle e capacidade de predizer os fenômenos da natureza, associando-os aos acontecimentos rotineiros da tribo (BELLUZZO, 2000). Coerente à mentalidade do século XVI, o mundo natural, descrito em seu relato, é a escritura divina, possível de interpretação por similitudes, conforme um código de correspondências estabelecidas por afinidades, proximidades. Os mapas são roteiros indicadores, simultaneamente, da medida objetiva do espaço e sua percepção religiosa e mística, produzindo o imbricamento entre paisagem e paraíso, na apresentação da América, designação que à época do cativeiro do cronista correspondia à parte do território do que hoje é o Brasil. "América é uma grande terra com muitas nações selvagens [...] Há nela muitos animais estranhos e é bela de ver-se. As árvores estão sempre verdes e nenhuma madeira desta terra se assemelha às outras" (STADEN, 1930, p. 32).

Em meio aos recursos tecnológicos trazidos pelos navios europeus, estava a capacidade de controlar as relações entre visível e invisível, entre realidade e ficção (GINZBURG, 2001). Este recurso pulveriza-se no cotidiano dos primeiros conquistadores e as raízes de suas afirmações e desejos fincam-se muito longe: nas tradições populares, em fragmentos de textos lidos e repetidos, na defasagem entre o que diziam e como foram difundidos, nas imagens das lembranças clássicas da Idade de Ouro, da teoria da excelência do estado natural, dos motivos edênicos, todos incentivadores, enfim, da ação colonial. Nessa perspectiva, vale destacar os argumentos do relato do pastor e missionário Jean de Léry, solicitando a cumplicidade do leitor.

> Não quero omitir a narração que ouvi de um deles [índios] de um episódio de pesca. Disse-me ele que, estando certa vez com outros em uma de suas canoas de pau, por tempo calmo em alto mar, surgiu um grande peixe que segurou a embarcação com as garras procurando virá-la ou meter-se dentro dela. Vendo isso, continuou o selvagem, decepei-lhe a mão com uma foice e a mão caiu dentro do barco; e vimos que ela tinha cinco dedos como a de um homem. E o monstro, excitado pela dor pôs a cabeça fora d'água e a cabeça, que era de forma humana, soltou um pequeno gemido. Resolva o leitor sobre se se tratava de um tritão, de uma sereia ou de um bugio marinho, atendendo a opinião de certos autores que admitem existirem no mar todas as espécies de animais terrestres (LÉRY, 1972, p. 120).

Presas das concepções ainda medievais de paraíso e da relação mágica entre as semelhanças e os signos (FOUCAULT, 1990), os homens reconheceram com seus próprios olhos as paisagens estampadas em sua memória, pelos sonhos descritos em tantos livros, por detalhes imaginativos intensamente reiterados que chegaram, até nós, como ruínas ou relíquias, inscritas na tradição cultural.

O intenso colecionismo de animais, vegetais, minerais e de seres humanos, resultantes das muitas expedições geográficas, causou um expressivo aumento de material a ser classificado, catalogado, explicado e, nesse contexto, foi necessário seguir o sistema taxionômico, capaz de transcrever, numa linguagem única, toda a diferença e especificidade da natureza. A história natural, o livro *Systema Naturae* escrito por Lineu em 1735, organizou, sistematizou, descreveu e reduziu a diversidade, riqueza e dinamismo de plantas, e animais, na simplicidade aparente de um "visível descrito" (FOUCAULT, 1990). Logo, observar é ver sistematicamente pouca coisa: ver aquilo que na representação pode ser analisado, reconhecido por todos e assim receber um nome que cada qual poderá entender. Uma *Taxinomia universalis* aparece com toda a clareza em Lineu, quando ele projeta encontrar, em todos os domínios concretos da natureza e da sociedade, as mesmas distribuições e a mesma ordem. O limite do saber torna-se a "transparência perfeita das representações nos signos que as ordenam" (FOUCAULT, 1990, p. 152).

No século XIX, a elite imperial, incumbiu-se da missão de projetar o país e a sua identidade cultural. Caracterizando-se como parte da civilização europeia, perdida nos trópicos, incluiu nesse projeto político entre as diversas ações a fundação do Instituto Histórico e Geográfico Brasileiro (IHGB), em 1838. Para tanto, lançou mão do estoque de metáforas para fundamentar os discursos histórico e geográfico que se tornaram alicerces fundadores da imagem de nação.

Entre os muitos efeitos desse processo metafórico está a criação da Ilha-Brasil, por Varnhagen, na obra publicada entre 1854-1857, *História geral do Brasil*. Anterior a essa publicação, vale lembrar a *História do Brasil* do poeta e historiador inglês Robert Southey, de 1810, considerada o marco oficial da historiografia nacional. Os mitos fundadores do nacionalismo, no Império, remetem a um Brasil anterior às navegações e entalhado na própria natureza (MAGNOLI, 1997, p. 94).

> A força da noção da Ilha-Brasil derivaria, precisamente, da subversão do horizonte histórico e diplomático e da sua substituição por um ordenamento ancestral. No lugar dos tratados entre as coroas – e, em particular, do acerto de

Tordesilhas –, ela invocava uma verdade prévia, anterior à história. Por essa via, introduzia-se a lógica da descoberta: a descoberta de uma terra preexistente, de um lugar de contornos definidos, de uma entidade indivisível. O Brasil erguia-se como realidade geográfica anterior à colonização, como herança recebida pelos portugueses. Ao invés de conquista e exploração colonial, dádiva e destino (MAGNOLI, 1997, p. 47).

Observa-se que a "dádiva" e o "destino" orientam o desenho das fronteiras e mapas, na linha do olhar religioso, e metafórico, para a terra. As fronteiras e limites são "naturais", porque naturalmente incrustados na natureza e, por isso, são dons de Deus. Prevalência do discurso espiritual sobre o material (SANTIAGO, 2014).

No entanto, história, ciência e arte mesclam-se na perspectiva do olhar do viajante do século XIX para o Novo Mundo. Integrante da expedição Thayer (liderada pelo naturalista Louis Agassiz que pretendia reunir dados para o esclarecimento das teorias acerca da evolução das espécies), Charles Hartt (New Brunswick, 1840 – Rio de Janeiro, 1878) iniciou uma viagem exploratória, a partir de junho de 1865, com partida do Vale do Paraíba em direção à Bahia. Viagem bastante metódica, de poucas aventuras, que resultaria no primeiro compêndio regular de geologia brasileira, publicado em 1870, com o título de *Geologia e Geografia física do Brasil*. Em seus textos, as imagens dos trópicos, marcadas por palmeiras, o ar perfumado, a densa folhagem, as frutas, o sonho tropical, demonstram a percepção artística, tipicamente romântica, que contamina de pitoresco a descrição científica.

> O perfil tropical que, sozinho arrebata os olhos iniciantes neste cenário é a ocasional, longilínea e graciosa curva do tronco de uma palmeira, com sua maravilhosa coroa de folhas. A brisa vem sobre nós quente e perfumada, e nós a respiramos em largos sorvos. Logo aparece uma clareira, e pode-se ver o perfil baixo de um telhado, como que aninhado em meio à densa folhagem. Em frente, há uma longa linha de coqueiros. Podem-se ver as largas, verdes e brilhantes folhas da jaca, ou fruta-pão (*Artocarpus integrifolia*), duas espécies de bananeiras e laranjeiras, e não há como sonhar que se está em outro lugar senão nos trópicos (HARTT, apud FREITAS, 2001).

A mediação entre a ciência e a arte produz um tratamento poético do objeto contemplado e as paisagens apreendidas são relatadas, por Charles Hartt, como decorrência do nexo de simpatia entre o observador e o mundo natural, reunindo, ao mesmo tempo, aspectos distintos da poética do pitoresco. Em diálogo com os escritos de Alexander von Humboldt, o viajante neles encontra um fundamento teórico-estético e científico, adotando os preceitos da poética do pitoresco na apresentação da paisagem que traduz a relação de integração do homem com a natureza e a sociedade.

Esse olhar estetizante permite a visão da natureza como fonte de estímulos à qual correspondem sensações que o artista interpreta, esclarece e comunica. Isto porque "a poética do pitoresco medeia a passagem da sensação ao sentimento: é exatamente nesse processo do físico ao moral que o artista educador é guia dos seus contemporâneos" (ARGAN, 1992, p.18). A paisagem é construída pela mediação entre ciência e arte, resultando no tratamento poético da natureza contemplada. Procedimento possível para os relatos de viagem, mas inaceitável nas representações visuais. Princípio não respeitado pelos muitos artistas viajantes, cujas imagens de natureza dialogarão com as páginas da literatura brasileira.

A literatura dialoga profundamente com as metáforas visuais, construídas pelo olhar estrangeiro, na construção do desenho estático e grandioso da paisagem que congela o tempo, anula o passado de destruição e harmoniza o presente, na descrição exuberante da terra já desfigurada pela exploração predatória da colonização, como sugere a pintura, feita de palavras, de Gonçalves de Magalhães.

> Este imenso país da América, situado debaixo do mais belo céu, cortado de tão pujantes rios, que sobre leitos de ouro e de preciosas pedras que rolam suas águas caudalosas; [...] esse vasto Éden, entrecortado de enormíssimas montanhas sempre esmaltadas de copada verdura, em cujos topos o homem se crê colocado no espaço, mais perto do céu do que da terra, vendo debaixo dos seus pés desenrolar-se as nuvens, roncar as tormentas e rutilar o raio (MAGALHÃES, 1980, p. 36).

Todo o cenário reúne uma harmonia grave e melancólica, que silencia o homem no paraíso. Ora, num período em que a visão romântica de mundo indicava a sensibilidade e a clarividência históricas como fundamentais para a natureza das instituições políticas da lei, da linguagem, religião e arte, como articular esse diálogo com a tradição, na ausência de um quadro estável de memória nacional? A saudade, ou lembrança da pátria, e nostalgia, lembrança do passado, será reinterpretada pelo escritor brasileiro como uma necessária nostalgia de criação do intelecto, de algo lido, não vivido: nostalgia de uma criação literária. A pretexto de referir-se criticamente ao poema *Confederação dos Tamoios*, de Gonçalves de Magalhães, o romântico José de Alencar explica o teor e a fonte dessa saudade de algo lido: as imagens criadas por Chateaubriand, os relatos de viajantes. "Apenas concluí o primeiro canto, veio-me uma vaga reminiscência de uns quadros da vida selvagem, dessa vida poética dos índios, que em outros tempos tanto me impressionaram. Era uma saudade de alguma coisa que havia pensado, ou que tinha lido outrora" (ALENCAR, 1960, p. 869).

Ainda que tenham por inspiração os elementos estéticos da cultura e história europeias, aos escritores e poetas torna-se necessário extrair poesia do fruto mais prosaico, a poesia da bananeira, planta de origem asiática, assumida como brasileira. Ação necessária para educar o olhar do homem brasileiro, criando laços de conacionalidade.

> E a propósito lembro-me que para nós filhos desta terra não há árvore talvez mais prosaica do que a bananeira que cresce ordinariamente entre montões de cisco em qualquer quintal da cidade, e cujo fruto nos desperta a ideia grotesca de um homem apalermado ou de um alarve. Pois bem, meu amigo, recorde-se de Paulo e Virgínia, e daquelas bananeiras que cresciam perto da choupana, abrindo seus leques verdes às auras da tarde, e veja como Bernardin de Saint-Pierre soube dar poesia a uma cousa que nós consideramos tão vulgar (ALENCAR, 1960, p. 886).

Nessa perspectiva, o intelectual romântico vai construir, com a palavra, a síntese de imagens e, por isso, não estranhemos o fato de já termos visto as cenas de Debret e Rugendas nas páginas da literatura brasileira. Transfere-se para a palavra que, segundo Alencar, "brinca travessa e ligeira na imaginação" a função do "buril do estatuário", a "nota solta de um hino" ou a da fotografia, para contrapor-se à linearidade da pintura clássica, ou, ainda, "o pincel inspirado do pintor" que "faz surgir de repente do nosso espírito, como de uma tela branca e intacta, um quadro magnífico, desenhado com essa correção de linhas e esse brilho de colorido que caracterizam os mestres" (ALENCAR, 1960, p. 889).

Enquanto arte e ciência, a palavra literária realiza uma interessante confluência: de um lado, a concepção herderiana[62] de "unidade orgânica de cada personalidade com a forma de vida que lhe corresponde" (NUNES, 1993, p. 59), unidade expressiva que se manifesta no nacionalismo romântico; de outro, a forma humboldtiana de apreender os trópicos com sensibilidade estética, cabendo ao artista a tarefa de pôr em evidência o espetáculo magnífico que a natureza oferece.

Policarpo Quaresma no paraíso

É ao encontro do imaginado paraíso que caminha o protagonista do romance *Triste fim de Policarpo Quaresma*, com a certeza de que há muito a fazer para resgatar a imagem do país, cujas terras férteis e abundantes necessitam, na ótica do personagem, apenas de boa administração. Por sugestão da afilhada Olga, o major Quaresma compra um sítio ironicamente chamado de "Sossego" (as aspas existem no texto e são pertinentes) e anuncia o narrador: "Não era feio o lugar, mas não era belo" (BARRETO, *Triste fim de Policarpo Quaresma*, 1956, vol. 2, p. 115). Com isso, quebra-se a expectativa de paraíso que possa conter a imagem de sítio para o leitor, na medida que também apresenta um contraste entre a tradição da paisagem bucólica e as cenas e ações do romance.

---

62. Filósofo e escritor alemão Johann Gottfried von Herder (1744-1803) foi um dos principais nomes do Romantismo alemão. Considerava sintético demais buscar normas universalistas, conforme os ditames do Iluminismo francês. Ensinou a valorizar os elementos característicos e originais resultantes de condições particulares de existência no tempo e no espaço. Nessa perspectiva, a personalidade cultural e nacional de cada povo se distingue por valores próprios e intransferíveis. "Elementos físicos, vitais e espirituais, conforme o clima, o tempo e o momento, articulam-se na síntese coletiva e histórica que define uma nação" (NUNES, 1993, p. 59).

Autodidata, muito lido e sabido em cousas brasileiras, às imagens românticas de referência à terra o personagem associa recursos cientificistas de interpretação e análise, com o aparato técnico e instrumental vindos da Zoologia, Botânica, Mineralogia e Geologia. Inflexível e corajoso, o major Quaresma assombrava o saber empírico de Anastácio, trabalhador rural que, sem qualquer instrumento ou teoria, dava com precisão a hora das chuvas, plantio ou colheita. O narrador flagra a ação destoante e desproporcional de Quaresma no trabalho com a terra, repleto de teoria e cego para a realidade diante de seus olhos. Ao leitor surge a imagem caricaturesca do intelectual fora do lugar. Ou seja, a percepção de uma situação em dois planos de referência incoerentes, mas mutuamente incompatíveis: o estudioso e urbano major Quaresma usando a enxada no campo. Realiza-se assim uma das leis infalíveis para o riso: a desproporção entre o esforço despendido e o resultado obtido.

Quaresma agarrava-o, punha-se em posição e procurava com toda a boa vontade usá-lo da maneira ensinada. Era em vão. O *flange* batia na erva, a enxada saltava e ouvia-se um pássaro ao alto soltar uma piada irônica: bem-te-vi! O major enfurecia-se, tentava outra vez, fatigava-se, suava, enchia-se de raiva e batia com força; várias vezes que a enxada batendo em falso, escapando ao chão, fê-lo perder o equilíbrio, cair, e beijar a terra, mãe dos frutos e dos homens. O *pince-nez* saltava, partia-se de encontro a um seixo (BARRETO, *Triste fim de Policarpo Quaresma*, 1956, vol. 2, p. 123).

Certo de que dominaria sua terra, já não tão dadivosa, mas ingrata e difícil, Policarpo vê-se classificado como intruso pela vizinhança rural, por não ter conseguido decifrar os códigos locais de poder, as regras da política paternalista e violenta, herança de sangue e dor, marca da base econômica e cultural brasileira. A afronta vem na forma de um texto anônimo escrito como quadrinhas infames, assinadas por Olho vivo.

Política de Curuzu

Quaresma, meu bem, Quaresma!
Quaresma do coração!
Deixe as batatas em paz,
Deixe em paz o feijão,

> Jeito não tens para isso
> Quaresma meu cocumbi!
> Volta à mania antiga
> De redigir em tupi.
>
> Olho vivo (BARRETO, *Triste fim de Policarpo Quaresma*, 1956, vol. 2, p. 130).

Depois da árdua batalha de adequação, em pleno sol de meio-dia, as primeiras contradições entre seu referencial teórico e a realidade parecem anunciar-se. A associação entre o exuberante brilho do sol nos trópicos e o torpor de morte que provoca irá corroer, aos poucos, as certezas do major. Aprende com trabalho árduo que a terra, afinal, não era uma dádiva divina, em que "tudo o que se planta dá": "o velho major percebia bem a alma dos trópicos, feita de desencontros como aquele que se via agora, de um sol alto, claro, olímpico, a brilhar sobre um torpor de morte, que ele mesmo provocava" (BARRETO, *Triste fim de Policarpo Quaresma*, 1956, vol. 2, p. 124).

A visita de Olga, a afilhada, ao sítio permitirá ao leitor a percepção sobreposta da imagem do paraíso e seu reverso. A reflexão da personagem feminina, sobre a terra, apresenta a clássica cena do *locus amoenus*, tópico conhecido da literatura clássica. Observa-se a descrição da paisagem ideal em ambiente de tranquilidade, com elementos como pássaros, águas (cachoeira, cascata), árvores, além de cores, movimento e atmosfera de ar fresco e sereno. Cena do paraíso perdido semelhante à imagem incrustada no coração do leitor.

> O lugar não era feio. Uma pequena cachoeira, de uns quinze metros de altura, despenhava-se em três partes, pelo flanco da montanha abaixo. A água estremecia na queda, como que se enrodilhava e vinha pulverizar-se numa grande bacia de pedra, mugindo e roncando. Havia muita verdura e como que toda a cascata vivia sob uma abóbada de árvores. O sol coava-se dificilmente e vinha faiscar sobre a água ou sobre as pedras em pequenas manchas, redondas ou oblongas. Os periquitos, de um verde mais claro, pousados nos galhos eram como as incrustações daquele salão fantástico (BARRETO, *Triste fim de Policarpo Quaresma*, 1956, vol. 2, p. 161).

A seguir, o olhar de Olga justapõe outro quadro no seio da paisagem: nele estão a ruína, o abandono, miséria, doença, feiura, solidão com "terra abandonada", "casas em ruínas" e muita dor.

> O que mais a impressionou no passeio foi a miséria geral, a falta de cultivo, a pobreza das casas, o ar triste, abatido da gente pobre [...]. Mesmo nas fazendas o espetáculo não era o mais animador. Todas soturnas, baixas, quase sem o pomar olente e a horta suculenta. A não ser o café e um milharal, aqui e ali, ela não pôde ver outra lavoura, outra indústria agrícola. Não podia ser só preguiça ou indolência. [...] Seria a terra? Que seria? (BARRETO, *Triste fim de Policarpo Quaresma*, 1956, vol. 2, p. 163).

Olga não encontrou no campo homens sadios, felizes e produtivos, tampouco a abundância e fartura, como lhe apregoara o discurso nacionalista. Diante do que viu e chamou de "párias, maltrapilhos, mal alojados, talvez com fome, sorumbáticos..." (BARRETO, *Triste fim de Policarpo Quaresma*, 1956, vol. 2, p. 162), desabafa: "Pensou em ser homem. Se o fosse passaria ali e em outras localidades meses e anos, indagaria, observaria e com certeza havia de encontrar o motivo e o remédio" (BARRETO, *Triste fim de Policarpo Quaresma*, 1956, vol. 2, p. 162).

O que mais a impressionou foi "o ar abatido da gente pobre" e o espetáculo não animador de pobreza, tristeza e doença. No lugar de roceiros alegres, felizes e saudáveis, a afilhada de Quaresma encontrou sapês sinistros, casas soturnas de habitantes sorumbáticos, acusados de preguiçosos e indolentes.

> As populações mais acusadas de preguiça, trabalham relativamente. Na África, na Índia, na Conchinchina, em toda parte, os casais, as famílias, as tribos, plantam um pouco, algumas cousas para eles. Seria a terra? Que seria? E todas essas questões desafiavam a sua curiosidade, o seu desejo de saber, e também a sua piedade e simpatia por aqueles párias maltrapilhos, mal alojados, talvez com fome, sorumbáticos!... (BARRETO, *Triste fim de Policarpo Quaresma*, 1956, vol. 2, p. 162).

Para acentuar a diferença entre realidades incompatíveis, o texto apresenta na forma de diálogo a ansiedade de saber de Olga contraposta à explicação, marcada de impotência, presente na fala do sertanejo:

— Você porque não planta para você?
— "Quá sá dona!" O que é que a gente come?
— O que plantar ou aquilo que a plantação der em dinheiro.
— "Sá dona tá" pensando uma cousa e a cousa é outra.
[...]
— Terra não é nossa... E "frumiga"? Nós não tem ferramenta... isso é bom para italiano ou "alamão" que governo dá tudo... Governo não gosta de nós... (BARRETO, *Triste fim de Policarpo Quaresma*, 1956, vol. 2, p. 163)

As falas do trabalhador não apresentam a finalidade de pontuar o exotismo. Projetadas ao lado das interrogações de Olga conduzem o leitor a um questionamento, bastante atual, acerca da desigualdade na distribuição de riquezas, da noção de trabalho e dos frágeis, e tensos, limites entre trabalho livre e escravidão. Além disso, traz os ecos dos discursos de intelectuais e do poder da função estética da palavra que construiu, a partir da literatura romântica, uma interpretação da cultura, da terra e do homem. As interrogações de Olga dialogam com as imagens literárias que preencheram as lacunas da história cultural brasileira: constatações do cenário miserável do campo mescladas ao extraordinário da construção romântica.

No romance, o famoso episódio das saúvas marca o início do questionamento de Quaresma acerca da terra brasileira e sua prodigalidade. Enquanto lê um manual de história em que estava escrito "tudo na nossa terra é extraordinário", um inimigo ínfimo perturba a reflexão de Quaresma a ponto de a inquietação e a angústia não mais abandonarem o personagem. Em meio à sua leitura sobre o paraíso, brotam as saúvas, que tomam de assalto a terra e seu guardião, o major. "Quaresma pôde ler umas cinco páginas. [...] a bulha continuava. [...] Eram formigas [...] o chão estava negro, e carregadas com os grãos, elas, em pelotões cerrados, mergulhavam no solo em busca de sua cidade subterrânea" (BARRETO, *Triste fim de Policarpo Quaresma*, 1956, vol. 2, p. 166).

Conhecimento e autoconhecimento

Por que continuam a acreditar que a única realidade seja a sua, esta de hoje, e se espantam, se irritam, gritam que o seu amigo está enganado, que ele, por mais que faça, nunca poderá ter em si, coitadinho, o mesmo ânimo seu?

Luigi Pirandello[63]

O percurso de Policarpo Quaresma em direção à cultura brasileira também o leva em direção a si mesmo e ao autoconhecimento. O questionamento sobre a paisagem e o saber o leva a duvidar de muitas certezas acumuladas em sua visão sobre o cotidiano e a história.

Uma sucessão de imagens anuncia para o leitor esse processo feito de dor: são cenas de crianças maltrapilhas, com faces amareladas e chupadas; terras entregues a ervas e insetos que denunciam a perda de esperança no futuro. Na natureza, "não é noite, não é dia; não é o dilúculo, não é o crepúsculo; é a hora da angústia, é a luz da incerteza. No mar, não há estrelas nem sol que guiem; na terra as aves morrem de encontro às paredes brancas das casas" (BARRETO, *Triste fim de Policarpo Quaresma*, 1956, vol. 2, p. 226).

Em busca da felicidade para a pátria, Policarpo pensa que precisa senti-la mais de perto, sob o hálito da guerra, ao mesmo tempo acreditando na força e energia de um pai para dirigir os destinos coletivos. Redige um memorial e o encaminha a Floriano Peixoto, líder que, na opinião do narrador, caracteriza-se como uma figura marcada pela tibieza de ânimo cuja prática mescla crueldade e ar paternal.

Como uma câmera cinematográfica, o narrador apresenta diferentes sentidos para guerra nas ruas e flashes de patriotas que, indiferentes às noções bélicas e nacionalistas de pátria e guerra, viam festa e barulho na revolta militar[64] e, no máximo, assustavam-se com os tiros, mas logo

---

63. PIRANDELLO, Luigi. *Um, nenhum e cem mil*. Tradução Maurício Santana Dias. São Paulo: Cosac & Naify Edições, 2001, p. 54.
64. O romance faz alusão à Revolta da Armada que aconteceu em duas fases. A primeira começou em 1891, na Baía de Guanabara, no Rio de Janeiro, quando Deodoro da Fonseca propôs estado de sítio e fechamento do Congresso, ação contrária à Constituição de 1891. Diante da pressão, que durou os nove meses de seu governo, o presidente renuncia e o vice Floriano Peixoto assume o cargo. Com a recusa em convocar novas eleições e insatisfeitos com os privilégios destinados ao Exército, os almirantes Luís Filipe de Saldanha da Gama e

se esqueciam transformando balas em *souvenires*. Para os positivistas, a revolta permitia o exercício de um pedantismo tirânico capaz de justificar a violência, os assassinatos, a ferocidade em nome da ordem. A outros a revolta significa possibilidade de ganho monetário e ascensão social. E aos jovens de baixa extração social, representa o terror diante do temido recrutamento obrigatório.

Nomeado chefe de um destacamento, Quaresma estuda com afinco manuais de artilharia, compêndios e tabelas, mas sua ação, confusa, só provoca nos demais militares e subalternos risos e menosprezo.

E aprender a manipular armas de fogo traz-lhe também uma companhia constante, a violência e a morte que, aos poucos, retiram de Policarpo suas convicções afirmativas em torno da noção de pátria. Um espinho d'alma começa a incomodar o personagem e toda a paisagem fica impregnada de tristeza e cerração que esconde, simultaneamente, os marcos da navegação na baía de Guanabara e os marcos de civilidade entre os homens.

Designado como carcereiro de jovens inocentes, indigna-se Quaresma do destino prometido aos recrutas: feitos prisioneiros seriam mortos e seus corpos jogados ao mar. "Não se pudera conter. Aquela leva de desgraçados a sair assim, a desoras, escolhidos a esmo, para uma carniçaria distante, falara fundo a todos os seus sentimentos; pusera diante de seus olhos todos os seus princípios morais; desafiara a sua coragem moral e a sua solidariedade humana" (BARRETO, *Triste fim de Policarpo Quaresma*, 1956, vol. 2, p. 279). Protesta e registra em carta toda a sua indignação ao presidente da República e, como consequência, é acusado de traidor, feito prisioneiro e logo condenado à morte. Já não era mais confiante e entusiasta, só transparecia desânimo, desalento e desespero.

Dois momentos são marcantes para o processo de autorreflexão do personagem: a carnificina a que assistia e também provocava com suas ações, antes doces e incapazes de ferir qualquer pessoa, e o fato de ter cometido um assassinato. Em carta à irmã, relata seu dilaceramento.

Custódio José de Melo, iniciam nova revolta que, sem apoio dos demais militares, foi derrotada por Floriano Peixoto em março de 1894. Os revoltosos bombardearam a capital da República por meio dos navios de guerra, os "encouraçados" da Marinha, conhecidos pelos nomes de *Aquidaban, Javary, Sete de Setembro, Cruzador República, Cruzador Tamandaré* entre outros.

> Eu não vi homens de hoje; vi homens de Cro-Magnon, do Neandertal armados com machados de sílex, sem piedade, sem amor, sem sonhos generosos, a matar, sempre a matar... Este teu irmão que estás vendo, também fez das suas, também foi descobrir dentro de si muita brutalidade, muita ferocidade, muita crueldade... Eu matei, minha irmã; eu matei! E não contente de matar ainda descarreguei um tiro quando o inimigo arquejava a meus pés... (BARRETO, *Triste fim de Policarpo Quaresma*, 1956, vol. 2, p. 270).

A paisagem é desenhada com a perspectiva impressionista que anuncia o aprofundamento psicológico da personagem até então vista exteriormente pelos leitores. Olhar o mar e as montanhas antecipa o doloroso processo de conhecimento e autoconhecimento do protagonista.

> De tarde, ele ficava a passear, olhando o mar. A viração soprava ainda e as gaivotas continuavam a pescar. Os barcos passavam. Ora, eram lanchas fumarentas que lá iam ao fundo da baía; ora pequenos botes ou canoas, roçando carinhosamente a superfície das águas, pendendo para lá e para cá, como se as suas alvas velas enfunadas quisessem afagar a espelhenta superfície do abismo. Os Órgãos[65] vinham suavemente morrendo na violeta macia; e o resto era azul, um azul imaterial que inebriava, embriagava, como um licor capitoso. Ficava assim um tempo longo, a ver, e quando se voltava, olhava a cidade que entrava na sombra, aos beijos sangrentos do ocaso (BARRETO, *Triste fim de Policarpo Quaresma*, 1956, vol. 2, p. 279).

Em outro momento, quando aprisionado no fundo de um calabouço, Policarpo Quaresma repassa as escolhas feitas e todo o sistema de ideias que o levaram ao "triste fim". Com o tupi "encontrou a incredulidade geral, o riso, a mofa, o escárnio; e o levou à loucura. Uma decepção. E a agricultura? Nada. As terras não eram ferazes e ela não era fácil como diziam os livros". E completa: "A pátria que quisera ter era um mito; era um fantasma criado por ele no silêncio de seu gabinete" (BARRETO, *Triste fim de Policarpo Quaresma*, 1956, vol. 2, p. 285).

---

65. Maciço da Serra dos Órgãos, situado na Região Serrana do Rio de Janeiro que integra o complexo do Parque Nacional da Serra dos Órgãos, Unidade de Conservação Federal.

Essa afirmativa do personagem, muito citada nos estudos sobre a obra, evidencia que o percurso de Policarpo é uma estratégia interessante para problematizar, nas primeiras décadas do século XX, as narrativas de nação. Estas fornecem imagens, cenários, criam origens e "fundamentam a continuidade na tradição e na intemporalidade" (HALL, 2002, p. 53). No romance, os mitos fundacionais da cultura brasileira alicerçados na invenção da paisagem, na burocracia, nas teias do cotidiano que desenham a imagem de pátria ganham perspectiva nas ações e perguntas de Policarpo Quaresma. Ao leitor fica a percepção de que cultura nacional constitui um sofisticado sistema de representação cultural, com estrutura de autoridade e poder, e que a literatura também o integra.

Se Policarpo Quaresma fracassa em sua aventura, enriquece duplamente a experiência dos que o leem: de um lado, revela os elementos que constroem os vínculos imaginários também criados pela literatura – sobretudo o romance – para produzir o que Benedict Anderson chamou de "comunidade imaginada", correspondente ao sentido de nação (ANDERSON, 2008). De outro, chama a atenção para a crise de identidade, tão discutida desde o final do século XIX.

As primeiras décadas do século XX acentuam a angústia do sujeito a partir de sensações de perda da realidade, pela intensificação da vida nervosa motivada pela nova experiência urbana, e no questionamento da própria identidade, num processo amplo de deslocamento e fragmentação.

A crítica à subjetividade e ao privilégio da consciência constitui um processo de confluência entre os resultados de pesquisas e experimentos sobre a visão, a intensificação da exigência sensorial na realidade urbana, as reflexões sobre o sujeito na filosofia. Nesta, não há uma negação da subjetividade, mas sua projeção em um novo lugar, "não mais como constituidora do conhecimento e da ação para tornar-se algo constituído em esferas que não estão ao seu alcance (o inconsciente em Freud, a práxis histórica em Marx e a vontade de poder em Nietzsche). Freud, Nietzsche e Marx revelam [...] a 'realidade' como construção imaginária da consciência..." (CHAUÍ, 1976, p. 30).

A problematização da subjetividade está presente nos vários momentos da obra de Lima Barreto, de romances e contos à memorialística. Leitor de Nietzsche, o escritor cita com frequência o filósofo, num diálogo tenso de admiração e recusa[66] profunda.

Em Nietzsche, o conceito sintético "eu" reúne uma pluralidade de vivências e estados psíquicos em uma unidade aparente, criada pela consciência, compreendida como um órgão de condução entre as impressões do mundo externo e as reações necessárias aos estímulos e impressões recebidos. O "eu" é produto da conscientização daquele efeito de comando e disposição anímica sobre os quais se funda a convicção, ou crença, de possuir domínio sobre si, como causa para todo fazer. Para o autor de *A vontade de poder*, o sujeito é assim compreendido como multiplicidade de forças e relações ou, em suas palavras: "Minha hipótese: o sujeito como multiplicidade" (NIETZSCHE, 2008, p. 263).

Assistimos, portanto, em *Triste fim de Policarpo Quaresma* à problematização das identidades estáveis advindas das narrativas da nação e a suspeita sobre o indivíduo centrado, confiante nos ditames da história, da ciência, do progresso.

De um lado, através dos dramas de seus personagens e/ou projetando-se como personagem, o escritor realiza reflexões profundas em seus romances e contos sobre a multiplicidade dos estados do indivíduo, seus desejos, escolhas, estilos e caminhos, como quem experimenta respostas à questão nietzschiana: "como alguém se torna o que é?" (NIETZSCHE, 1995, p. 48).

De outro, a viagem de Policarpo Quaresma em direção à cultura desautomatiza o olhar do leitor para as narrativas que, disseminadas pela literatura, inventam a nação, a paisagem e a brasilidade. Processo sofisticado

---

66. Ao comentar o livro *Estudos* (1920), de Albertina Bertha de Lafayette Stockler, romancista e ensaísta (1880-1953) que traz um estudo sobre Nietzsche, Lima Barreto discute a associação feita pela autora entre o "super-homem" nietzschiano e o nirvana búdico apontando serem termos incompatíveis. Mesmo se declarando avesso ao pensamento do filósofo: "Não gosto de Nietzsche; tenho por ele ojeriza pessoal. Acuso-o, e ele e ao esporte, como causadores do flagelo que vem sendo a guerra de 1914" (BARRETO, *Impressões de leitura*, 1956, vol. 13, p. 119) o escritor carioca discute nessa crítica e em outro textos conceitos do autor de *Assim falava Zaratustra* demonstrando segurança.

e interessante que denominei *palavra, país, paisagem*[67] e significa compreender o papel da literatura, num país de muitos analfabetos, como fabulação poderosa capaz de desenhar o país, a paisagem e, sobretudo, sugerir o que é ter sensibilidade brasileira. Além disso, fica a compreensão de que o lugar da cultura é tão rico quanto "baralhado", como as paredes da casa da Maria Rita que Policarpo visitou em busca de monumentos de memória. E para religar o passado ao presente é preciso retirar o bloqueio do esquecimento por meio do recontar e rememorar. Nesse aspecto o romance consegue realizar, simultaneamente, a crítica ao literário e a valorização da sua força, porque se a narrativa inventou o país, a tradição e moldou subjetividades, é ainda pela memória e narrativa que identidades podem ser repensadas para ressignificar o presente.

---

67. Em meu livro *Trincheiras de sonho*: ficção e cultura em Lima Barreto. Rio de Janeiro: Tempo Brasileiro, 1998.

RETALHOS

Demais, visto-me mal, lamentavelmente mal, quase mendicante; nunca tenho roupas – de modo que jamais estou em estado sofrivelmente binocular, para acotovelar as elegâncias que se premem nos nossos teatrinhos.
Não julgo que amo a piedade; não sofro miséria, não, e vivo bem.
É um feitio esse de ser; é a minha pose...

Lima Barreto[*]

---

[*] BARRETO, Afonso Henriques de. Impressões de leitura. *Obras de Lima Barreto*. São Paulo: Editora Brasiliense, 1956, vol. 13, p. 263.

Retalhos

Biografia

Escreverás meu nome com todas as letras,
com todas as datas
— e não serei eu.

Repetirás o que me ouviste,
o que leste de mim, e mostrarás meu retrato
— e nada disso serei eu.
[...]
Somos uma difícil unidade,
de muitos instantes mínimos,
— isso seria eu.

Mil fragmentos somos, em jogo misterioso,
aproximamo-nos e afastamo-nos, eternamente.
— Como me poderão encontrar?

Cecília Meireles[68]

Lima Barreto cria em sua obra um interessante espaço para exposição de aspectos da vida pessoal – de crônicas a diários – apresentando suas expectativas ou decepções, conquistas e dificuldades, além de impressões de estudos e leituras realizadas.

Essa prática deu margem aos leitores para a elaboração de uma imagem do autor, a partir de pistas deixadas nos textos, como uma cadeia de significantes a delinear o perfil de Lima. Essa construção narrativa que dá visibilidade ao privado revela dupla fragilidade: a do íntimo que excede muito a história pessoal porque é atravessada pelo público; e a que expõe a precariedade e até artificialidade do que se assume como autobiográfico.

Processo complexo muitas vezes ignorado por leitores que desejam reduzir o biográfico ao íntimo, sem considerar que aquele abarca também o

---

68. MEIRELES, Cecília. Poemas II. *Poesia completa*. Rio de Janeiro: Editora Nova Aguilar, 1994, p. 1118.

privado e o público porque os temas e termos se interpenetram. A imagem do escritor resultante desse movimento é uma mescla dos desejos e expectativas de leitores reunidos às pistas do projeto de constituição de identidade, deixadas pelo escritor.

Entre as muitas manifestações de âmbito biográfico feitas por Lima Barreto está a afirmação: coleciono retalhos. Essa declaração aparece em muitos textos e ganha destaque no volume *Marginália*, quando na primeira crônica explica o seu método de colecionador, correlacionando os textos da crônica à "marginália", os comentários feitos à margem dos recortes de jornais colados no caderno. Ao final da primeira crônica – que trata da questão dos poveiros (pescadores portugueses, de Póvoa do Varzim que exerciam o monopólio da pesca em alto mar sem se naturalizarem brasileiros), com dura crítica ao nacionalismo –, explica o seu método de investigação e análise dos temas de que serão feitas as crônicas apresentadas no volume.

> Era tal a falta de uma segura orientação nos que se digladiavam, que só tive um remédio para estudá-la mais tarde: cortar as notícias de jornais, colar os retalhos num caderno e anotar à margem as reflexões que esta e aquela passagem me sugerissem. Organizei assim uma "marginália" a esses artigos e notícias. Uma parte vai aqui (BARRETO, *Marginália*, 1956, vol. 12, p. 32).

Apesar da insistência do escritor em expor o método de observação e leitura do mundo pelo fragmento, pela seleção, pesquisa e um tipo de "arquivamento" peculiar, a crítica somente enxergou no título do volume de crônicas uma síntese da opção pela retórica que representa a "marginália", a dos marginalizados pelo contexto social.

Além de colecionar a partir de sua própria seleção, o escritor informa que recebe muitos retalhos de presente, como os doados por "um bom velho de minha vizinhança, apaixonado pela leitura de jornais" que, "deu-me uma porção de retalhos de vários jornais e épocas diversas" (BARRETO, *Vida urbana*, 1956, vol. 11, p.151).

Um dos exemplos de vinculação entre os *Retalhos*, a criação literária e a vida cultural, especificamente com a imprensa, pode ser evidenciado na crônica intitulada "O meu conselho", que integra o volume *Feiras e mafuás*. Toda a crônica expõe as etapas e os efeitos de seu método de colecionador e, nele, o acaso é critério importante. A crônica abre-se com uma transcrição de anúncio de jornal, escrito em francês, feito por um jovem inglês que procura uma moça brasileira, "ilustre, artística e com dote" para casar. Apesar de residir em Trinidad, o postulante afirma estar interessado em acompanhar a moda na Europa e no Rio de Janeiro. O mais interessante é o relato de como encontrou o tal anúncio: "Topei com este anúncio, há dias, num retalho de jornal, com o qual ia embrulhar, 'abafar', como se diz caseiramente, alguns sapotis, para amadurecerem longe dos morcegos que [...] apreciam apaixonadamente tais frutas" (BARRETO, *Feiras e mafuás*, 1956, vol. 10, p. 169).

A pretexto de comentar tal anúncio, recortado da *Gazeta de notícias*, de 15 de setembro de 1921, o autor faz na crônica uma interessante abordagem da história do Rio de Janeiro e suas relações com a Inglaterra, a presença da cultura inglesa no futebol, as demais manifestações culturais brasileiras em voga na capital. Belo exemplo do processo de criação literária que utiliza os recortes de jornais para tratar da cultura e, sobretudo, para expor os impasses da criação cultural. Como confidencia ao leitor, "quebrei a unidade do trabalho (afirma que deveria escrever uma crônica e quase sai uma carta), mas pude ser confidencial e sincero" (BARRETO, *Feiras e mafuás*, 1956, vol. 10, p. 175).

Não cansa, portanto, de repetir em inúmeras situações, quer com seriedade, quer com ironia: "O jornal é uma fonte de estudos para mim. Nele tenho aprendido muito, menos elegância porque, ao que parece, Deus não quer que eu tenha esse dom extraordinário" (BARRETO, *Vida urbana*, 1956, vol.11, p. 249).

Vale a pena visualizar algumas páginas.

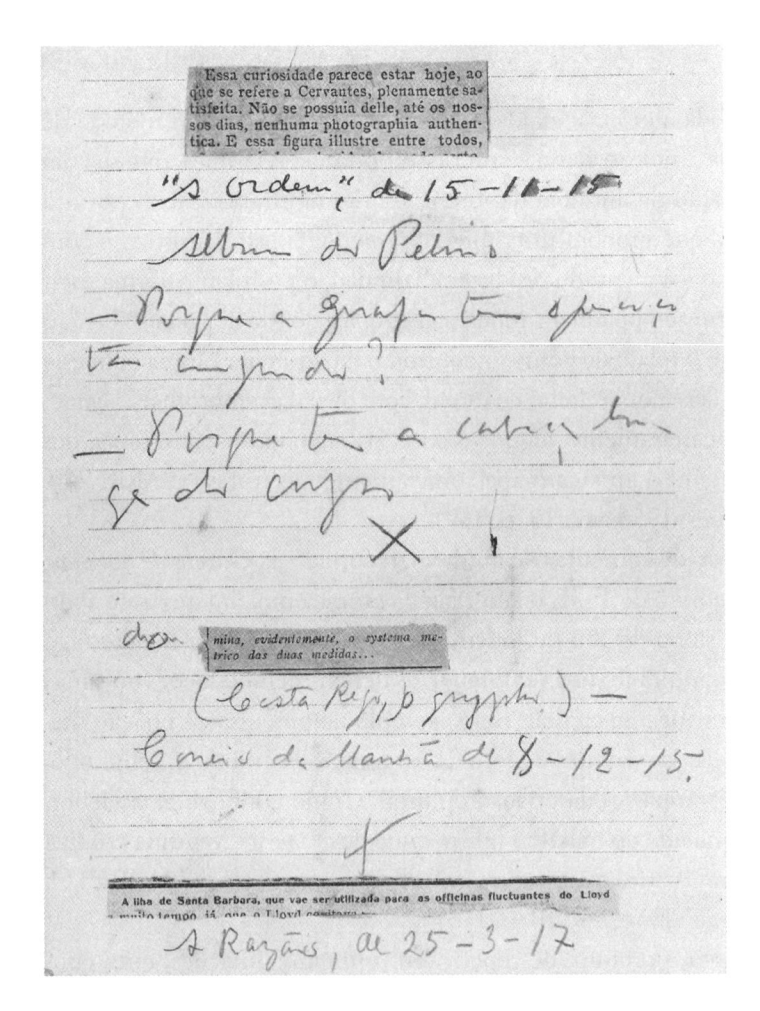

Imagem 1

Na primeira imagem vemos um recorte com texto incompleto, referindo-se, ao que tudo indica, a Cervantes, acompanhado da anotação A *ordem*, de 15 de outubro de 1915. Em seguida um registro para o "Álbum de Pelino", isto é, uma série de notas sobre acontecimentos e cenas do cotidiano que sugerem um contrassenso e podem provocar o riso ou espanto: "— Por que a girafa tem pescoço comprido?; — Porque tem a cabeça bem longe do corpo". Essa observação foi publicada, com uma série de outros fragmentos, no *Diário Íntimo*, na entrada de 1915, escolhida pelo biógrafo, talvez, pelas datas que predominam nas referências dos periódicos. Seguem-se dois retalhos contendo uma frase cada uma, com as respectivas indicações de fonte.

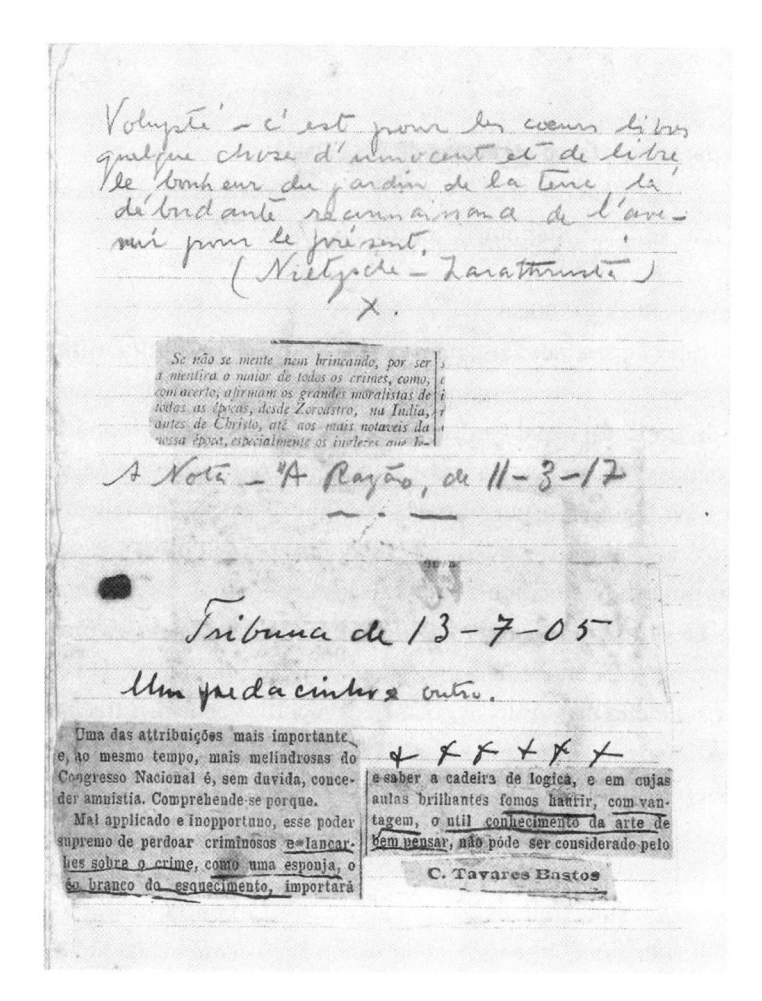

Imagem 2

Na imagem 2, há uma transcrição retirada de *Assim falava Zaratustra* "Volupté – c'est pour les coeurs libres quelque chose d'innocent et de libre, le bonheur du jardin de la terre, la débordante reconnaissance de l'avenir pour le présent"[69] seguida de recortes incompletos, sendo os últimos antecedidos pela observação "Um pedacinho e outro".

Para a atual fase de pesquisa, a visualização do material demonstra a sua complexidade.

69. "Voluptuosidade, és para os corações livres qualquer coisa inocente e livre, as delícias do jardim terrestre transbordante gratidão do futuro presente" (Nietzsche, Friedrich. *Assim falava Zaratustra*. Tradução de José Mendes de Souza. Prefácio de Geir Campos. Rio de Janeiro: Edições de Ouro,1967, p. 175).

Perspectivas para abordagem ou etapas de pesquisa

Compreender os *Retalhos* é a tarefa a que me dedico atualmente. Exponho a seguir algumas vertentes da minha pesquisa:

a) Diálogo com a crítica genética

Qual o significado desse material para o estudo da obra literária de Lima Barreto? Para responder a essa pergunta e depois da intuição de sua importância vinda do impacto inicial da primeira leitura, a pesquisa precisou se ampliar para outras vertentes, tais como o diálogo breve com a crítica genética.

Num primeiro momento, foi possível a identificação da temporalidade complexa, isto é, as páginas dos cadernos *Retalhos* não permitem estabelecer com precisão uma sequência temporal. Em geral podemos nos orientar pelas referências dos recortes de jornal, anotadas à margem pelo escritor. No entanto, numa mesma página há recortes com datas diferentes. Fez-se uma divisão para efeito de estudo: as colagens e recortes relativos a trechos de livros de filosofia, crítica literária em geral; notícias do cotidiano acompanhadas de observações manuscritas, que datam de 1911 a 1915; os recortes com críticas, resenhas e repercussões sobre as obras publicadas do escritor (críticas sobre *Recordações do escrivão Isaías Caminha*, *Triste fim de Policarpo Quaresma*, *Numa e Ninfa*); além de colagens de crônicas publicadas sob o pseudônimo "Ruy de Pina", que seguem de 1917 a 1920, aproximadamente.

A escolha das datas para a divisão entre períodos levou em conta os traços indicadores do mesmo perfil de letra e, o mais importante, a predominância de datas anotadas nas laterais dos recortes, que foram conferidas com as fontes de onde foram extraídos.

Coerente ao diálogo com a crítica genética, é possível classificar *Retalhos* como a fase pré-redacional porque comporta pesquisas, anotações, planos e esboços. Constitui, portanto, um projeto de escritura e o fato de resultar ou não em publicação é de menor importância. O estabelecimento do texto não é a principal finalidade da crítica genética, diferente do método da edição crítica. Por isso os *Retalhos* constituem-se como ferramenta de pesquisa, ou seja, representam uma fase particular da gênese da obra.

Permitem apresentar uma certa fase do trabalho do escritor, aquela relacionada a anotações de pesquisas e consultas, notas de leitura, esboços de textos literários, roteiro e recortes de críticas. "São vestígios vistos como testemunho material de uma criação em processo" (SALLES, 1998, p. 17). Esses documentos são cotejados com os documentos da gênese externa, isto é, os diários, a biografia do escritor, os periódicos diversos, as obras literárias. O fato de não apresentar uma redação contínua é exatamente o que caracteriza a riqueza e complexidade dos *Retalhos*. Exige a decifração da rede de relações entre os documentos que são os vestígios escritos no dossiê, como os de referência histórico-cultural e literária que participam, direta ou indiretamente, da elaboração textual.

Importante destacar aqui que esse procedimento não significa buscar vestígios de textos e autores lidos com a finalidade de estabelecer a antiga relação de fontes e influências. A opção é a abordagem histórica das obras de gênese explorada pela sociogenética porque ela trabalha a tensão entre os diferentes materiais (recortes e anotações) e as diferentes fases de "citação, transformação, integração ou rejeição de outros discursos" (GRÉSILLON, 2007, p. 228). Lembranças, portanto, das fases diversas da gênese que podem ou não ser identificadas na obra literária. Trata-se de acompanhar "o jogo de empréstimos, tensões e transformações pelo qual o autor se confronta com o discurso de seu tempo" (GRÉSILLON, 2007, p. 228).

Não se trata, aqui, de recuperar o texto conforme a disposição original na busca por um arquétipo textual ou do estabelecimento de um texto, conforme a "vontade" do autor. Interessa-me o princípio avesso a esses ditames próprios da filologia, isto é, busco procurar entender a função desses cadernos como registro de memória individual e social e, especialmente, da relação desses registros com a reflexão sobre a particularidade de apresentação dessas memórias e o que dizem sobre o sujeito que lembra.

Essa perspectiva aproxima-se dos objetivos e práticas da crítica genética cuja intenção é mapear o percurso da escrita, priorizando os vestígios deixados pelo escritor para se compreender não apenas a obra acabada, mas as implicações históricas, sociológicas, estéticas e literárias que nela atuaram (ZULAR, 2002).

A atual fase da pesquisa prepara a organização do prototexto, isto é, o resultado do trabalho de elucidação. "O prototexto é uma produção crítica: ela corresponde à transformação de um conjunto empírico de documentos em um dossiê de peças ordenadas e significativas" (BIASI, 2010, p. 241). Isso significa organizar de forma inteligível os recortes, anotações, esboços a partir da classificação, interpretação e numa ordem possível de aparição cronológica. Ordem artificial, portanto. E o prototexto "não designa a materialidade dos manuscritos, mas seu desdobramento crítico tal como o geneticista pode reconstituí-lo segundo a cronologia das operações de concepção e de redação da obra" (BIASI, 2010, p. 42).

Para tornar, enfim, a organização exequível, o material foi dividido em duas grandes partes. Guardam os *Retalhos*, portanto, duplo interesse. A primeira diz respeito à gênese da escritura do escritor Afonso Henriques de Lima Barreto, isto é, agrupar as notas, registros, esboços e planos que podem relacionar-se a momentos diferentes da produção ficcional do escritor. A segunda propõe a leitura de notas e recortes como testemunhos da integração e participação do escritor na vida literária e cultural das primeiras décadas do século XX. A pesquisa concentra-se, por ora, no desenvolvimento de estudos e análise do que chamo primeira parte do material, a gênese da escritura. A segunda parte, a vida literária, objeto de continuação de investigação virá em uma etapa diferente da investigação.

b) A coleção
O processo de recorte e colagem dos fragmentos de jornais, com temas e períodos diversos combinados a anotações manuscritas, aproxima-se do princípio da arte de colecionar na qual, segundo Walter Benjamin (2006, p. 239), é decisivo que "o objeto seja desligado de todas as suas funções primitivas, a fim de travar a relação mais íntima que se pode imaginar com aquilo que lhe é semelhante". A figura do colecionador exercita "uma forma de recordação prática" (BENJAMIN, 1987, p. 228) que afasta os objetos de suas funções originais, mas ressignifica-os compondo uma espécie de enciclopédia mágica.

Que se tenha em mente a importância que possui para todo colecionador, não apenas seu objeto, mas também todo o passado deste, assim como o passado que pertence à sua origem e qualificação objetiva, e ainda os detalhes de sua história aparentemente exterior [...] Para o verdadeiro colecionador, tudo isso, tanto os fatos científicos como aqueles outros, aglutina-se em cada uma de suas propriedades, em uma enciclopédia mágica [...] Colecionadores são os fisionômicos do mundo das coisas (BENJAMIN, 2002, p. 137).

Os recortes de jornais, apartados de suas funções originais, funcionam como objetos integradores de lembranças, tanto pelo conteúdo que carregam como por seu aspecto visual, na disposição da colagem nas páginas e no aspecto envelhecido e desatualizado.[70] Próximos do lixo, tornam-se vestígio e memória.

O conteúdo dos cadernos, se vistos na perspectiva utilitária, pertenceria ao lixo, porque são objetos excluídos do ciclo de utilidades que perdem valor de uso, restando apenas a materialidade. Mas, recortes de jornais mantêm-se como ponte, sobre o vazio do esquecimento, em direção ao passado: ficam os textos nos pedaços de jornais como objetos remanescentes e vestígios. Afinal, "a relação de uma época com seu passado repousa em grande parte sobre a relação dela com as mídias da memória cultural" (ASSMANN, 2011, p. 221). Assim, são como vestígios da produção intelectual de seu tempo (e do que o antecedeu), uma contraimagem do *continuum* da informação que caracteriza os jornais.

Colecionar resíduos e lixo é prática bastante presente na arte contemporânea, como uma espécie de herança do século XIX, quando a produção de papel na França exigia o processamento de grande quantidade de farrapos. Nos textos de Baudelaire a figura do *chiffonier* (o catador de farrapos) é muito presente, produzindo a analogia entre arquivo e lixo. Walter Benjamin foi impregnado por essa imagem e caracterizou a prática como indústria secreta cuja base é a rua e o poeta a figura que, como um *chiffonier*, anda pela cidade à cata de rimas.

---

70. A expressão "desatualizado" justifica-se pelo fato de que Lima Barreto colecionava os retalhos de papel que também recebia de presente, não necessariamente jornais novos ou recém-lidos. O sentido aqui é o de anacrônico.

Os poetas encontram o lixo da sociedade nas ruas e no próprio lixo seu assunto heroico. "[...] Tudo o que a cidade grande jogou fora, tudo o que ela perdeu, tudo o que desprezou, tudo o que destruiu, é reunido e registrado por ele. Compila os anais da devassidão, o cafarnaum da escória; separa as coisas, faz uma seleção inteligente; procede como um avarento com seu tesouro e detém no entulho que, entre as maxilas da deusa indústria, vai adotar a forma de objetos úteis ou agradáveis". Essa descrição é apenas uma dilatada metáfora do comportamento do poeta segundo o sentimento de Baudelaire. Trapeiro ou poeta – a escória diz respeito a ambos; solitários, ambos realizam seu negócio nas horas em que os burgueses se entregam ao sono; o próprio gesto é o mesmo em ambos (BENJAMIN, 1989a, p. 78).

O colecionador de recortes de jornais lida com os silêncios sem a preocupação do encadeamento de conteúdo, permitindo a recuperação de aspectos virtuais da memória quando atualiza o passado por meio de associações possíveis de serem estabelecidas. Tal especificidade na forma de lembrar, que realiza saltos e recortes, estabelece um processo de significação baseado na semelhança repentina percebida, por autor e leitor, entre o recorte de jornal e o acontecimento na cultura e na vida literária; entre uma imagem no meio da rua, ou perdida no passado, e a lembrança de textos literários lidos; entre sugestões de textos a serem elaborados e trechos de contos e romances publicados. A coleção de recortes possibilita a reflexão crítica sobre a vida cultural e literária, a partir de estratégias como a montagem e a descontinuidade. Diante do material, pode-se estabelecer associações entre os fragmentos e as anotações manuscritas; os recortes, as anotações e os textos literários diversos do escritor; os recortes e as anotações acerca da vida literária; os esboços e manuscritos e as obras publicadas; a memória individual e a coletiva na associação com diferentes imagens e situações culturais, das primeiras décadas do século XX.

c) Nova leitura para o *Diário Íntimo*
Parcialmente publicados, os *Retalhos* foram agrupados aos pedaços e reunidos em torno do título *Diário íntimo*, pelo biógrafo do escritor Francisco de Assis Barbosa, em 1953. E, depois, foram novamente publicados nesse

mesmo formato, em 1956, na edição das obras completas do escritor também com o nome *Diário íntimo: memórias*, com prefácio de Gilberto Freyre. Num dos trechos retirados de um dos seus cadernos, Lima Barreto chama as suas anotações de "diário extravagante".

Coerente a seu formato original, isto é, os cadernos diversos e mesclados com notas e recortes, o *Diário íntimo* apresenta uma organização fragmentária, com datação cronológica escolhida pelo biógrafo a partir de datas dos jornais e/ou pesquisa de fatos históricos associados.

Muitos dos recortes e anotações contidos nos *Retalhos* foram incorporados na elaboração do chamado pelo biógrafo[71] do escritor de *Diário íntimo*. Entre os muitos trechos, destacam-se aqueles que revelam os *Retalhos* como uma duplicidade de, na origem, serem inteiramente subjetivos – representam a escolha e seleção do que lembrar, recortar, fixar – e na sua composição configuram um painel de temas histórico-culturais e literários. Resultam, simultaneamente, do plural interior do sujeito que recorda e remetem a um vasto contexto cultural. Recorrendo a uma passagem do *Diário Íntimo*, de Lima Barreto, observamos o trecho a seguir relacionado ao ano de 1905: inicia-se com uma observação do escritor seguida da reprodução do conteúdo de um recorte de jornal, sobre maus tratos de patrões contra criados. A escravidão doméstica era vigente na capital da República em 1905. "É um estudo que me tenta o do serviço doméstico entre nós. Em geral, as pessoas se queixam dos criados e eu sempre objetei que os criados têm razão contra os patrões e os patrões contra os criados" (BARRETO, *Diário íntimo*, 1956, vol. 14, p. 75). Em seguida, no *Diário*, muda-se o tipo da letra e insere-se o recorte de jornal transcrito pelo biógrafo, mas sem qualquer nota explicativa da localização no original e critério de inclusão. O texto do recorte de jornal inicia-se com: "Três anos de martírios. Surras diárias". E prossegue no relato da denúncia de exploração de uma criada até a atuação da polícia no caso: "[...] Impedida de sair à rua, desde que aqui

---

71. O biógrafo Francisco de Assis Barbosa baseou-se nas datas dos jornais ali colados para organizar, junto com anotações manuscritas, uma sequência cronológica para o *Diário íntimo*. Cronologia totalmente factícia, isto é, artificial porque as datas dos jornais não correspondem à data da colagem e intercalam períodos longos entre si.

chegou, vive essa desventurada sob o jugo de seus verdugos" (BARRETO, *Diário íntimo*, 1956, vol. 14, p. 75).

Abrangendo os anos de 1900 a 1921, os textos do *Diário íntimo* apresentam-se, como já disse, com raras observações relacionadas, estritamente, à vida íntima do escritor. As observações pessoais trazem opiniões sobre estudo e leituras (estudos sobre o bovarismo), trechos de filosofia, romances e contos; observações sobre ações políticas, costumes e novidades; notas sobre acontecimentos excepcionais (o enterro do abolicionista José do Patrocínio); acontecimentos bizarros e banais do cotidiano que receberam o subtítulo de "Álbum do Pelino", por seu teor risível e excêntrico, como a nota que segue, transcrita pelo biógrafo de um recorte de jornal, colado na página do caderno, seguida da observação feita a lápis por Lima Barreto e transcrita pelo organizador do *Diário*: "Fazer um conto. Pelino, quando vê um sujeito ser fulminado pelo fio elétrico..." (BARRETO, *Diário íntimo*, 1956, vol. 14, p. 175). Essa observação que acompanha o recorte, ou retalho, de jornal é interessante e sugere um método de criação literária. A transcrição do recorte de jornal é apresentada, no texto do *Diário íntimo*, sem qualquer observação informando que o trecho foi retirado de um recorte de jornal colado no caderno.

> Há meses inaugurou-se a iluminação elétrica em qualquer cidade. Para evitar desastres pessoais, o chefe da usina mandou pôr o seguinte aviso junto aos dínamos de alta voltagem, os transformadores etc.
>
> Perigo! Quem tocar nestes fios cairá fulminado. Pena de prisão e multa para os contraventores (BARRETO, *Diário íntimo*, 1956, vol. 14, p. 175).

Na edição feita pelo biógrafo, o diário abre-se com o relato do início do ano letivo na Escola Politécnica, Rio de Janeiro, na data de 02 de julho de 1900. A entrada acompanha-se da epígrafe "Quando comecei a escrever este, uma 'esperança'[72] pousou" (BARRETO, *Diário íntimo*, 1956, vol. 14, p. 27). O primeiro longo parágrafo apresenta um instantâneo de uma cena urbana: o movimento apressado de transeuntes no largo de São Francisco,

---

72. A palavra "esperança" usada no trecho citado não se refere à expectativa ou espera, mas a um tipo de gafanhoto que na crença popular sugere boas perspectivas.

centro do Rio de Janeiro, sob um sol escaldante. O trecho apresenta o que seria um possível fragmento de romance ou exercício de escrita e chama a atenção por já conter elementos estéticos, predominantes nas obras ficcionais do escritor, a serem publicadas a partir de 1907.

> A antipatia do largo de São Francisco fica mais acentuada nas primeiras horas da manhã, dos dias de verão. O sol o cobre inteiramente e se espadana por ele todo com a violência de um flagelo. Pelo ar, a poeira forma uma película vítrea que fulgura ao olhar, e do solo, com o revérbero, sobe um bafio de forja que oprime os transeuntes. Não há por toda a praça uma nesga de sombra, e as pessoas que saltam dos bondes, caminham apressadamente para a doçura amiga da rua do Ouvidor. Vão angustiadas e opressas, parecendo tangidas por ocultos carrascos impiedosos. Os negros chapéus de sol dos homens e as pintalgadas sombrinhas das senhoras, ao balanço da marcha, sobem e descem como se flutuassem ao sabor das ondulações de um curso d'água. São como flores, grandes flores, nenúfaras e ninfeias, estranhas e caprichosas, que recurvassem as imensas pétalas ao sol causticante das nove horas da manhã. [...] Os tílburis em fileira ao centro da praça rebrilham como ágatas e as suas pilecas, a aquele calor, dormem resignadamente (BARRETO, *Diário íntimo*, 1956, vol. 14, p. 27-28).

A seguir, na mesma entrada do diário o texto expande-se para as conversas entre os jovens estudantes da Escola Politécnica e após uma interrupção, breve, termina com comentários críticos sobre a teoria positivista em voga na época e o diálogo entre os personagens sobre a maneira de se levar e compreender a vida considerada "como uma escalada de titãs" (BARRETO, *Diário íntimo*, 1956, vol. 14, p. 27-28).

Em nota de rodapé, o organizador do diário esclarece que o trecho de abertura deve tratar-se de uma das primeiras tentativas de Lima Barreto para escrever um romance. Para o leitor contemporâneo fica visível que o diário registra a memória do ficcionista e é também a exposição fragmentária de um método de trabalho. Nele estão presentes anotações de ideias e temas de inspiração para escrever, etapas e inventário da construção de personagens, citações de obras lidas, exercícios estéticos de linguagem como demonstra o belo trecho de inspiração impressionista, acima citado, que abre o diário.

A próxima entrada reúne o conjunto de escritos do ano de 1903 e mostra o teor fragmentário, como uma montagem, do diário de Lima Barreto. Segundo a nota que acompanha o texto, os registros foram extraídos "de uma caderneta com capa de couro negro, com os seguintes dizeres em letras douradas: *Agenda trimestriel* (sic) 1903" (BARRETO, *Diário íntimo*, 1956, vol. 14, p. 38). Nas anotações, o princípio do diário como método torna-se cada vez mais evidente: há uma pequena extensão de anotações pessoais, mescladas a uma enumeração de itens do orçamento familiar e relato das dificuldades financeiras da família. Neles, Lima Barreto define sua casa como "um mosaico tétrico de dor e de tolice" (BARRETO, *Diário íntimo*, 1956, vol. 14, p. 41) pela carência material, de estudo e formação intelectual dos seus membros.

A maioria dos registros referem-se a anotações de estudos e leituras feitas, aspectos e curiosidades da vida literária, além de um esboço de *Clara dos Anjos* (romance com mais versões feitas pelo autor e o último a ser publicado). Entre as notas de leituras, encontram-se citações de Shakespeare, Flaubert, George Sand, entre outros, tudo reunido como fragmentos que sugerem uma trajetória de leitor que pode ser identificada na expressão: "No curso da vida e das leituras" (BARRETO, *Diário íntimo*, 1956, vol. 14, p. 43).

A entrada seguinte do diário a considerar aqui será a do ano de 1905 na qual observa-se a exposição, pelo escritor, do seu método de colecionador e a colagem dos recortes de jornais nos cadernos com o aspecto de "baralhado, como a vida" (BARRETO, *Diário íntimo*, 1956, vol. 14, p. 71).

> Hoje, dia de ano-bom (1º. de janeiro de 1905) levantei-me como habitualmente às sete e meia para as oito horas. Fiz a única ablução do meu asseio, tomei café, fumei um cigarro e li os jornais. Acabando de lê-los, arrumei as paredes do meu quarto. Preguei aqui e ali, alguns retratos e figuras, e ele tomou um aspecto mais garrido. Há, de mistura com caricaturas do *Rire* e do *Simplicíssimus*, retratos de artistas e generais. Não faz mal; nesse aspecto baralhado, ele terá o aspecto da vida ou da letra "A" do dicionário biográfico,

que traz Alexandre, herói de alto coturno, e um Antonio qualquer, célebre por ter inventado certa pomada.

[...] *17 de janeiro*

Desde domingo não tomo notas. Hoje, 17, vou recapitular estes três dias. Domingo, passei-o em casa. Cortando artigos do *Figaro* do ano passado e os pregando sobre a lídima prosa do nosso Rui Barbosa. Enchi o dia assim e enchi-o agradavelmente, suavemente (Lima Barreto, *Diário íntimo*, 1956, vol. 14, p. 71 e p. 86).

Observa-se, das paredes do quarto às folhas do diário, a prática da seleção de recortes de jornais para colecionar. Os registros do ano 1905 trazem colagens de notícias sobre as precárias condições de trabalho dos criados domésticos, ainda próximas do trabalho escravo; reprodução de textos das cartas de galanteador e assassino de mulheres, publicada nos jornais. Tudo mesclado a anotações de leituras feitas, esboços de obras, observações sobre a vida literária, registros do estudo acerca da teoria de Jules Gaultier sobre o bovarismo.

Se, para acompanharmos o pensamento de Blanchot (2005, p. 270), um diário íntimo é "tão livre de forma, capaz de todas as liberdades [...] já que tudo lhe convém, na ordem e desordem que se quer", mas "deve respeitar o calendário", como fica o diário de Lima Barreto cuja datação foi parcialmente produzida pelo escritor e parcialmente criada pelo biógrafo, a partir das datas de recortes de jornais colados nos cadernos? Como já foi explicado, no caderno não coincidem a colagem e as datas das anotações manuscritas que as acompanham.

O confronto entre a história dos sujeitos nos jornais, mesclados a recortes também de livros, e os relatos oficiais, constituem uma privilegiada oportunidade para o escritor (e ao leitor dos *Retalhos/ Diário íntimo*) repensar paradigmas da interpretação histórica e, a partir de outras formulações e outras experiências. Isso possibilita, também, problematizar a imagem do autor e seu método.

A justaposição de fragmentos numa montagem, feita de recortes de jornais e anotações manuscritas, recupera a compreensão do passado como continuidade, e não ruptura e esquecimento plenos, na mesma medida em que concretiza ao leitor a imagem de que lembrar e esquecer é um movimento feito de seleção, escolha, e, num sentido nietzschiano, de ruminação.

PALAVRAS FINAIS

Apresentar brevemente aspectos da obra de um escritor é tarefa prazerosa e em certa medida frustrante. Abrem-se muitas perspectivas de abordagem, mas chega o tempo de pôr um fim à conversa com a expectativa de que tenha estimulado o percurso na direção das obras literárias.

Na escolha do que tratar aqui não considerei, como ponto de partida, os temas dos livros ou a tradicional vinculação vida/obra. Interessa-me muito o *como*, isto é, com quais recursos estéticos as crônicas, romances ou contos tornam-se ricos e únicos, uma vez que a significação da obra não está separada de sua forma.

A obra de Lima Barreto nos faz pensar, sorrir, provoca tanto quanto nos diverte e, como toda boa literatura, "faz girar os saberes, não fixa, não fetichiza nenhum deles; ela lhes dá um lugar indireto e esse indireto é precioso" (BARTHES, 1989). Seus textos precisam ser mais lidos e explorados na variedade de sua forma, na intensidade do embate entre linguagem e novas tecnologias e no diálogo crítico com a tradição literária e cultural. As epígrafes de textos de autores diversos possibilitaram demonstrar, minimamente, a confluência do escritor com seu tempo e o passado que ele carrega e, ao mesmo tempo ofereceram ao leitor a oportunidade de, ao ler o texto de Lima Barreto e as epígrafes de outros autores, torná-los contemporâneos.

Quando escreveu "O destino da literatura", sua única conferência literária, o escritor carioca defendeu que a arte literária se apresenta com um verdadeiro poder de contágio, como força de ligação:

> […] sendo capaz, portanto, de concorrer para o estabelecimento de uma harmonia entre eles [os homens], orientada para um ideal imenso em que se soldem as almas, aparentemente mais diferentes, reveladas, porém por ela, como semelhantes no sofrimento da imensa dor de serem humanas (BARRETO, *Impressões de leitura*, 1956, vol. 13, p. 62).

Bela definição de militância que Lima Barreto repetiu inúmeras vezes nas crônicas, entrevistas, artigos ou projetando-a em seus personagens. Ser "força de ligação entre os homens" significa considerar a literatura a arte capaz de preservar e transmitir a experiência alheia, contribuindo para o "estabelecimento da harmonia". Capaz, portanto, de aproximar experiências e pessoas no tempo, no espaço, nas condições de vida e nos valores que professam. A literatura constitui um espaço de saber onde é possível movimentar lugares diferentes de fala.

Aí reside a atualidade da literatura de Lima Barreto, atualidade distante dos modismos e absolutamente necessária para as questões contemporâneas.

REFERÊNCIAS

ABREU, Casimiro de. *Poesias completas de Casimiro de Abreu*. 3ª.ed. São Paulo: Saraiva, 1961.

ACADÊMICA. Rio de Janeiro, v. 6, n. 56, jul. 1941.

AGAMBEN, G. O que é um dispositivo? In: _____. *O que é o contemporâneo? e outros ensaios*. Tradução Vinícius Nicastro Honesko. Chapecó: Argos, 2009. p. 25-51.

_____. *Estâncias* – a palavra e o fantasma na cultura ocidental. Tradução de Selvino José Assmann. Belo Horizonte: Editora UFMG, 2007.

ALENCAR, José. de. Cartas sobre a Confederação dos Tamoios. *Obra completa*. Vol. 4. Rio de Janeiro: Editora José Aguilar, 1960.

ANDERSON, Benedict. *Comunidades imaginadas:* reflexões sobre a origem e a difusão do nacionalismo. Tradução Denise Bottmann. São Paulo: Companhia das Letras, 2008.

ANDRADE, Carlos. Drummond de. Europa, França e Bahia. In: *Poesia e prosa*. Rio de Janeiro: Nova Aguilar, 1983.

ARGAN, Giulio Carlo. *Arte moderna*. Tradução Denise Bottmann e Federico Carotti. São Paulo: Companhia das Letras, 1992.

ARRAES, Jarid. Não me chame de mulata. *Geledés Instituto da Mulher Negra*. Disponível em: https://www.geledes.org.br/nao-chame-de-mulata/. Acesso em: 16 jul. 2019.

ARRIGUCCI, Davi. Fragmentos sobre crônica. In: *Enigma e comentário*. São Paulo: Companhia das Letras, 1987.

ASSIS, J. M. Machado de. A reforma pelo jornal. Miscelânea. In: *Machado de Assis. Obra Completa* Vol. 3. Rio de Janeiro: Nova Aguilar, 1986.

ASSMANN, Aleida. *Espaços da recordação:* formas e transformação da memória cultural. Tradução Paulo Soethe. Campinas: Editora da Unicamp, 2011.

BAKHTIN, Mikhail. *Questões de literatura e estética*. Tradução Aurora Fornoni Bernardini et al. São Paulo: Hucitec / Unesp, 1988.

BALZAC, Honoré de. *Ilusões Perdidas*. Tradução de Ernesto Pelanda e Mário Quintana. Rio de Janeiro: Editora Globo, 1951.

BARBOSA, Francisco de Assis. *A vida de Lima Barreto* (1881-1922). 6. ed. Rio de Janeiro/Brasília: José Olympio / INL, 1981.

BARRETO, Afonso Henriques de Lima. *O subterrâneo do morro do Castelo*. Rio de Janeiro: Dante, 1997.

_____. *Impressões de Leitura*. Rio de Janeiro: Brasiliense, 1956, vol.13.

_____. *Os Bruzundangas*. Rio de Janeiro: Brasiliense, 1956, vol.7.

_____. *Marginália*. Rio de Janeiro: Brasiliense, 1956, vol.12.

_____. *Bagatelas*. Rio de Janeiro: Brasiliense, 1956, vol.9.

_____. *Feiras e mafuás*. Rio de Janeiro: Brasiliense, 1956, vol.10.

_____.*Vida urbana*. Rio de Janeiro: Brasiliense, 1956, vol.11.

_____."Um especialista". *Clara dos Anjos*. Rio de Janeiro: Brasiliense, 1956, vol.5.

_____."O homem que sabia javanês". *Clara dos Anjos*. Rio de Janeiro: Brasiliense, 1956, vol.5.

_____."Um músico extraordinário". *Histórias e sonhos*. Rio de Janeiro: Brasiliense, 1956, vol.6.

_____. *Diário Íntimo*. Rio de Janeiro: Brasiliense, 1956, vol.14.

_____.*Vida e morte de M.J. Gonzaga de Sá*. Rio de Janeiro: Brasiliense, 1956, vol.4.

_____. *Triste fim de Policarpo Quaresma*. Rio de Janeiro: Brasiliense, 1956, vol.2.

_____. *Coisas do reino de Jambon*. Rio de Janeiro: Brasiliense, 1956, vol.8.

_____.*Recordações do escrivão Isaías Caminha*. São Paulo: Ática, 1990.

BARTHES, Roland. *Aula*. Tradução de Leyla Perrone-Moisés. São Paulo: Cultrix, 1989.

BATALHA, Martha. *A vida invisível de Eurídice Gusmão*. São Paulo: Companhia das Letras, 2016.

_____. *Nunca houve um castelo*. São Paulo: Companhia das Letras, 2018.

BELLUZZO, Ana Maria de Moraes. *O Brasil dos viajantes*, vol. 1. *Imaginário do Novo Mundo*, vol. 2. São Paulo / Salvador: Metalivros / Fundação Odebrecht, 1994.

BENJAMIN, Walter. Paris do Segundo Império. In: _____. *Obras escolhidas*. Vol 3. Tradução José Carlos Martins Barbosa e Hemerson Alves Baptista. São Paulo: Brasiliense, 1989a, p.9-101.

_____.Imagens do pensamento. Rua de mão única. In: _____. *Obras escolhidas*. vol. 2. Tradução Rubens Rodrigues Torres Filho e José Carlos Martins Barbosa São Paulo: Brasiliense, 1987, p. 143-274.

_____. O colecionador. In: BOLLE, Willi. (org.). *Passagens*. Tradução do alemão Irene Aron; Tradução do francês Cleonice P. B. Mourão. Belo Horizonte: Editora UFMG; São Paulo: Imprensa Oficial do Estado, 2006.

_____ *Reflexões sobre a criança, o brinquedo e a educação*. Tradução, apresentação e notas de Marcus Mazzari. São Paulo: Duas Cidades/ Ed. 34, 2002 .

_____Historia y coleccionismo. In: *Discursos interrumpidos I*. Filosofía del arte y de la historia. Prólogo, traducción y notas de Jesús Aguirre. Buenos Aires: Editorial Taurus, 1989b.

BIASI, Pierre-Marc. *A genética dos textos*. Tradução Marie-Hélène Paret Passos. Porto Alegre: EDIPUCRS, 2010.

BLANCHOT, Maurice. *O livro por vir*. Tradução Leyla Perrone-Moisés. São Paulo: Martins Fontes, 2005.

BOSI, Alfredo. Figuras do eu nas *Recordações do escrivão Isaías Caminha*. In: _____. *Literatura e resistência*. São Paulo: Companhia das Letras, 2002.

BONFIM, Manoel. *América latina: males de origem*. 2. ed. Rio de Janeiro: A Noite, 1939.

BRAGANÇA, Aníbal; ABREU, Márcia (orgs.). *Dois séculos de livros brasileiros*. São Paulo: Unesp, 2010.

BROCA, Brito. *A vida literária no Brasil – 1900*. 3. ed. Rio de Janeiro: José Olympio; Departamento de Cultura da Guanabara, 1975.

BUCK-MORSS, Susan. *Dialética do olhar*. Walter Benjamin e o Projeto das Passagens. Tradução Ana Luiza Andrade. Belo Horizonte / Chapecó: Editora UFMG / Editora Universitária Argos, 2002.

CAMINHA, Pero Vaz de. *Carta a El-Rey D. Manuel*. 2. ed. Rio de Janeiro: Agir, 1977.

CANDIDO, Antonio. *Literatura e sociedade*. São Paulo: Companhia das Letras, 1980.

CARVALHO, Trajano Galvão de. *Sertanejas*. Poesias. São Luís: Edições AML, 2013.

CESARINO, Pedro de Niemeyer. Eventos ou textos? A pessoa múltipla e o problema da tradução das artes verbais amazônicas. In: ____.DAHER, Andrea. *Oral por escrito*. A oralidade na ordem da escrita, da retórica à literatura. Chapecó,: Argos; Florianópolis, SC: Ed.UFSC, 2018.

CHAUÍ, Marilena S. A destruição da subjetividade na filosofia contemporânea. *Jornal de Psicanálise*, São Paulo, v. 8, n. 20, p. 29-36. 1976.

COETZEE, John.Maxwell. *Diário de um ano ruim*. Tradução José Rubens Siqueira. São Paulo: Companhia das Letras, 2008.

COLLOT, Michel. *Poética e filosofia da paisagem*. Tradução Ida Alves...[et al.] Rio de Janeiro: Editora Oficina Raquel, 2013.

CORRÊA, Mariza. Sobre a invenção da mulata. *Cadernos Pagu*. Campinas, n 6/7, 2015. Disponível em: https://periodicos.sbu.unicamp.br/ojs/index.php/cadpagu/article/view/1860 Acesso em: 11 jul. 2019.

COSTA, Flávia C. *O primeiro cinema*. Espetáculo, narração, domesticação. Rio de Janeiro: Azougue, 2005.

CRARY, Jonathan. *Técnicas do observador*. Trad. Verrah Chamma. Rio de Janeiro: Contraponto, 2012.

CUNHA, Euclides. Contrastes e confrontos. In: *Obra Completa*. Rio de Janeiro: Nova Aguilar, 1995. p.208-209.

DEL PRIORE, Mary. *Histórias íntimas*: sexualidade e erotismo na história do Brasil. São Paulo: Planeta, 2011.

EVARISTO, Conceição. *Olhos d'água*. Rio de Janeiro: Pallas / Fundação Biblioteca Nacional, 2016.

FIGUEIREDO, Carmem L. N. de. *Trincheiras de sonho*: ficção e cultura em Lima Barreto. Rio de Janeiro: Tempo Brasileiro, 1998.

____. de.; FERREIRA, Ceila Maria (orgs.). *Lima Barreto, caminhos de criação*. São Paulo: Editora da Universidade de São Paulo, 2017.

FOUCAULT, Michel. *As palavras e as coisas*: uma arqueologia das ciências humanas. 3. ed. Tradução Salma Tannus Muchail. São Paulo: Martins Fontes, 1990.

FREITAS, Marcus Vinícius de. *Hartt: Expedições pelo Brasil tropical – 1865-1878*. São Paulo: Metavídeo SP Produção e Comunicação LTDA, 2001.

GINZBURG, Carlo. *Olhos de madeira*. Nove reflexões sobre a distância. Tradução de Eduardo Benedito. São Paulo: Companhia das Letras, 2001.

GIO, Giordano. O trem como espectro da modernidade no cinema de George Méliès. *HACER - História da Arte e da Cultura*: Estudos e reflexões, Porto Alegre, 2016. Disponível em: <http://www.hacer.com.br/trem-modernidade>. Acesso em: 07 jul. 2019.

GRANGEIA, Mario Luís. Memórias e direitos na imigração portuguesa no Brasil do século XX. *História*. São Paulo, v. 36, e. 16, 2017. Disponível em: http://www.scielo.br/scielo.php?script=sci_arttext&pid=S0101-90742017000100512. Acesso em: 12 jul. 2019.

GRÉSILLON, Almuth. *Elementos de crítica genética: ler os manuscritos modernos*. Tradução Cristina de Campos Velho Birck et al. Supervisão da tradução de Patrícia C. Ramos Reuillard. Porto Alegre: Editora da UFRGS, 2007.

GUNNING, Tom. O retrato do corpo humano: a fotografia, os detetives e os primórdios do cinema. In: CHARNEY, Leo; SCHWARTZ, Vanessa (org.). *O cinema e a invenção da vida moderna*. Tradução Regina Thompson. 2. ed. São Paulo: Cosac & Naify, 2004.

HALBWACHS, Maurice. *A memória coletiva*. Tradução Beatriz Sidou. São Paulo: Centauro, 2006.

HALL, Stuart. *A identidade cultural na pós-modernidade*. 7. ed. Tradução Tomaz Tadeu da Silva, Guacira Lopes Louro. Rio de Janeiro: DP&A, 2002.

HOLANDA, Sérgio Buarque de. Prefácio a *Clara dos Anjos*. In: LIMA BARRETO, Afonso Henriques de. *Obras de Lima Barreto*: artigos e crônicas. São Paulo: Brasiliense, 1956.

HOUAISS, Antonio. Prefácio a *Vida urbana*. In: LIMA BARRETO, Afonso Henriques de. *Obras de Lima Barreto*: artigos e crônicas. São Paulo: Brasiliense, 1956.

IANNI, Octavio. A questão racial no Brasil. *Folha de S. Paulo*, Caderno opinião. São Paulo, 1985, p. 3.

JESUS, Carolina Maria de. *Quarto de despejo*. Diário de uma favelada. São Paulo: Ática, 2001.

KRACAUER, Siegfried. *O ornamento da massa*: ensaios. Tradução Carlos Eduardo Jordão Machado e Marlene Holzhausen. São Paulo: Cosac Naify, 2009.

LÉRY, Jean de. *Viagem à terra do Brasil*. Tradução e notas de Sérgio Milliet. São Paulo: Martins / Edusp, 1972.

LINS, Osman. Narração e personagens nas *Recordações do escrivão Isaías Caminha*, de Lima Barreto. *O Estado de S. Paulo*, São Paulo, 21 abr. 1974. Suplemento Literário, n. 873, ano XVIII.

____. *Lima Barreto e o espaço romanesco*. São Paulo: Ática, 1976.

LLANOS, Carlos Fernando Elias. Violão e identidade nacional: a "moral" do instrumento. Revista *Tulha*. Ribeirão Preto, v. 2, n. 2, p. 227–250, jul.-dez. 2016.

LIPOVETSKY, Gilles. *A sociedade pós-moralista*. O crepúsculo do dever e a ética indolor dos novos tempos democráticos. Tradução de Armando Braio Ara. Barueri. São Paulo: Manole, 2005.

MAGALHÃES, Gonçalves de. Discurso sobre a história da literatura no Brasil. In: COUTINHO, Afrânio (org.). *Caminhos do pensamento crítico*. Rio de Janeiro: Pallas; Brasília: INL, 1980.

MAGNOLI, Demétrio. *O Corpo da Pátria*: imaginação geográfica e política externa no Brasil (1808-1912). São Paulo: Editora da Universidade Estadual Paulista / Moderna,1997.

MAINARDI, Carla. *Revista de @ntropologia da UFSCar*, v. 9 n. 2, p. 73-86, jul.-dez. 2017. Disponível em: http://www.rau.ufscar.br/wp-content/uploads/2017/12/04_Camila_Mainardi.pdf. Acesso em 11 jul. 2019.

MARTON, Scarlett. *Nietzsche, seus leitores, suas leituras*. São Paulo: Editora Barcarola, 2010.

MARTÍN-BARBERO, Jesús. *Dos meios às mediações*: comunicação, cultura e hegemonia. Tradução de Ronald Polito e Sérgio Alcides. 2.ed. Rio de Janeiro: Editora UFRJ, 2003.

MARTINS, Ana Luiza. *Revistas em revista*. Imprensa e práticas culturais em tempos de República (1890-1922). São Paulo: Editora da Universidade de São Paulo / Fapesp / Imprensa Oficial do Estado, 2001.

____; LUCA, Tania Regina de (orgs.) *Imprensa e cidade*. São Paulo: UNESP, 2006.

MARX, Karl. *O Capital*. Crítica da economia política. Tradução de Reginaldo Sant'Anna. 24 ed. Rio de Janeiro: Civilização Brasileira, 2006.

MATOS, Gregório de. *Obras completas de Gregório de Matos*. Salvador: Editora Janaína, 1969. 17 volumes.

MEIRELES, Cecília. Poemas II. *Poesia completa*. Rio de Janeiro: Nova Aguilar, 1994.

MINDLIN, Betty et al. *Couro dos espíritos*. Namoro, pajés e cura entre os índios Gavião-Ikolen de Rondônia. São Paulo: Senac / Terceiro Nome, 2001.

MITCHELL, William.John.T. *Landscape and Power*. Chicago: University of Chicago Press, 1994.

MOLLIER, Jean-Yves. *A leitura e seu público no mundo contemporâneo*: ensaios sobre história cultural. Tradução Elisa Nazarian. Belo Horizonte: Autêntica, 2008.

MOUTINHO, Laura. *Razão, "cor" e desejo*. Uma análise comparativa sobre relacionamentos afetivo-sexuais "inter-raciais" no Brasil e na África do Sul. São Paulo: Unesp, 2004.

MUSSA, Alberto. *Meu destino é ser onça*. Mito tupinambá restaurado. Rio de Janeiro: Record, 2009.

NIETZSCHE, Friedrich. *A vontade de poder*. Tradução de Marcos Sinésio P. Fernandes e Francisco José D. de Moraes. Rio de Janeiro: Contraponto, 2008.

____. *Acerca da verdade e da mentira*.Tradução Heloisa da Graça Burati. São Paulo: Rideel, 2005.

____. *Humano, demasiado humano*. Um livro para espíritos livres. Tradução, notas e posfácio Paulo César de Souza. São Paulo: Companhia das Letras, 2000.

____. *Ecce homo*: como alguém se torna o que é. Tradução, notas e posfácio de Paulo Cesar de Souza. São Paulo: Companhia das Letras, 1995.

____ . *Assim falava Zaratustra*. Tradução de José Mendes de Souza. Prefácio de Geir Campos. Rio de Janeiro: Edições de Ouro,1967.

NEEDELL, Jeffrey D. *Belle Époque tropical*: sociedade e cultura de elite no Rio de Janeiro na virada do século. Tradução Celso Nogueira. São Paulo: Companhia das Letras, 1993.

NUNES, Benedito. A visão romântica. In: ____ .GUINSBURG, Jacob. (org.). *O Romantismo*. São Paulo: Perspectiva, 1993, p.51-74.

PASSOS, Cleusa. Um olhar crítico sobre o conto. **Literatura E Sociedade**, n. 26, p. 37-55. 2018. https://doi.org/10.11606/issn.2237-1184.v0i26p37-55 Acesso em: 12 jul. 2019.

PEIXOTO, Nelson Brissac. *Paisagens urbanas*. São Paulo: Ed. Senac/Marca d'Água, 1996.

PEREIRA, Lúcia Miguel. Lima Barreto. In: HOUAISS, Antonio; FIGUEIREDO, Carmem L. N. de. *Triste fim de Policarpo Quaresma/Lima Barreto*. Madri/Paris/México, DF/Buenos Aires/São Paulo: ALLCA XX, 1997. p. 438-461. (Coleção Archives/Unesco).

PEREIRA, Astrojildo. Confissões de Lima Barreto. In: HOUAISS, Antonio; FIGUEIREDO, Carmem L. N. de. *Triste fim de Policarpo Quaresma/Lima Barreto*. Madri/Paris/México, DF/Buenos Aires/São Paulo: ALLCA XX, 1997. p. 465-471. (Coleção Archives/Unesco).

PESAVENTO, Sandra Jatahy. *Exposições Universais*. Espetáculos da modernidade do século XIX. São Paulo: Hucitec, 1997.

PIGLIA, Ricardo. *Formas breves*. Tradução José Marcos Mariani de Macedo. 2. rei. São Paulo: Companhia das Letras, 2004.

_____. *O último leitor*. Tradução Heloisa Jahn. São Paulo: Companhia das Letras, 2006.

PIRANDELLO, Luigi. *Um, nenhum e cem mil*. Tradução Maurício Santana Dias. São Paulo: Cosac & Naify, 2001.

PONTIERI, Regina. Formas históricas do conto: Poe e Tchekhov. In: BOSI, Viviana; CAMPOS, Claúdia; HOSSNE, Andrea S.; RABELLO, Ivone. (orgs.). *Ficções: leitores e leituras*. São Paulo: Ateliê Editorial, 2001.

PRADO, Eduardo. *A ilusão americana*. Brasília: Senado Federal, Conselho Editorial, 2003.

QUEIROZ JUNIOR, Teófilo. *Preconceito de cor e a mulata na literatura brasileira*. São Paulo: Ática, 1975.

RABASSA, Gregory. Lima Barreto: a tragédia da cor. In: HOUAISS, Antonio; FIGUEIREDO, Carmem L. N. de. *Triste fim de Policarpo Quaresma/Lima Barreto*. Madri/Paris/México, DF/Buenos Aires/São Paulo: ALLCA XX, 1997. p. 493-494. (Coleção Archives/Unesco).

RAMOS, Julio. *Desencontros da modernidade na América Latina*. Literatura e política no século 19. Tradução Rômulo Monte Alto. Belo Horizonte: Editora UFMG, 2008.

REIS, Maria Firmina dos. *Úrsula*. Romance.7. ed. rev. e am. Belo Horizonte: Editora PUC Minas, 2018.

REIS, Zenir Campos. Lima Barreto militante. In: CAMPOS, Claudia de; FREDERICO, Eni; GALVÃO, Walnice N.; REIS, Zenir.C.(orgs.). *Lima Barreto. A crônica militante: seleção.* São Paulo: Expressão Popular, 2016.

REZENDE, Maria Valéria. *Outros cantos.* Rio de Janeiro: Alfaguara, 2016.

RIBAS, Maria Cristina Cardoso. Destecendo a rede conceitual da crônica: discussões em torno da crítica e projeções no ensino do gênero menor. In: *Encontros*, Rio de Janeiro, v. 11, n° 20. 2013. Disponível em: http://www.cp2.g12.br/ojs/index.php/encontros/article/view/328 Acesso em: 12 jul. 2019.

RIO, João do [João Paulo Barreto] [1908]. *O momento literário.* Disponível em: http://www.dominiopublico.gov.br/pesquisa/DetalheObraForm.do?select_action=&co_obra=2144. Acesso em: 15 set. 2015.

_____. *A alma encantadora das ruas.* São Paulo: Martin Claret, 2009.

_____. *Vida vertiginosa.* São Paulo: Martins Fontes, 2006.

ROUSSEAU, Jean-Jacques. *Discurso sobre a origem e os fundamentos da desigualdade entre os homens.* Tradução de Lourdes Santos Machado. Introdução e notas de Paul Arbosse-Bastide e Lourival Gomes Machado. São Paulo: Abril Cultural, 1983.

SAFFIOTI, Heleieth Bangiovani. *A mulher na sociedade de classes.* Mito e realidade. 3. ed.. São Paulo: Expressão Popular, 2013.

SALLES, Cecília A. *Gesto inacabado: processo de criação artística.* São Paulo: Annablume, 1998.

SÁNCHEZ, Yvette. *Coleccionismo y literatura.* Madrid: Ediciones Cátedra S.A., 1999.

SANT'ANNA, Affonso Romano de. *O canibalismo amoroso.* O desejo e a interdição em nossa cultura através da poesia. São Paulo: Círculo do Livro, 1985.

SANTIAGO, Silviano. *As raízes e o labirinto da América Latina.* Rio de Janeiro: Rocco, 2006.

_____. A literatura brasileira à luz do pós-colonialismo. *Folha de São Paulo*, Ilustríssima. São Paulo, 07 set. 2014 Disponível em: http://www1.folha.uol.com.br/ilustrissima/2014/09/1511606-a-literatura-brasileira-a-luz-do-pos-colonialismo.shtml. Acesso em: 13 de out. 2014.

_____, Silviano. *Meditação sobre o ofício de criar.* Gragoatá, Niterói, n. 31, p.15-29, 2011.

SCHWARZ, Roberto. *Ao vencedor as batatas:* forma literária e processo social nos inícios do romance brasileiro. 3. ed. São Paulo: Livraria Duas Cidades, 1988.

SEVCENKO, Nicolau. A capital irradiante. Técnicas, ritmos e ritos do Rio. In: _____. *História da vida privada.*vol. 3. São Paulo: Companhia das Letras, 1998, p.513-620.

SILVA, Liliam Ramos da. Não me chame de mulata: uma reflexão sobre a tradução em literatura. *Trabalhos em Linguística Aplicada.* Campinas, n 57, v. 1, p. 71-88, jan./abr. 2018. Disponível em http://www.scielo.br/pdf/tla/v57n1/0103-1813-tla-57-01-0071.pdf. Acesso em: 11 jul. 2019.

STADEN, Hans. *Viagem ao Brasil.* Rio de Janeiro: Academia Brasileira, 1930.

TINHORÃO, José Ramos. *A música popular no romance brasileiro* (Vol.II: século XX, 1ªparte). São Paulo: Ed. 34, 2000.

ZULAR, Roberto (org.). *Criação em processo:* Ensaios de crítica genética. São Paulo: Iluminuras, 2002.

SOBRE A AUTORA

Carmem Lúcia Negreiros de Figueiredo é Professora Associada da Universidade do Estado do Rio de Janeiro (UERJ), pesquisadora CNPq, Cientista de Nosso Estado (FAPERJ) e bolsista Prociência FAPERJ/UERJ. Possui artigos, capítulos e livros sobre a obra do escritor Lima Barreto, entre eles: *Lima Barreto e o fim do sonho republicano* (Tempo Brasileiro, 1995); organizou, junto com Antonio Houaiss, o volume *Lima Barreto*, para a Coleção *Archives* (UNESCO, 1997); *Trincheiras de sonho: ficção e cultura em Lima Barreto* (Tempo Brasileiro, 1998); *Lima Barreto, caminhos de criação*, em parceria com Ceila Ferreira (Edusp, 2017). Coordena o LABELLE - Laboratório de Estudos de Literatura e Cultura da *Belle Époque*, desde 2015. Reunindo pesquisadores de diversas áreas e instituições, investiga a produção literária, artística e cultural da época que se convencionou chamar "belle". Para acompanhar os eventos, publicações e consultar o Acervo digital, acesse o site http://labelleuerj.com.br/

1ª EDIÇÃO [2019]
Esta obra foi composta em Electra e Scala Sans
sobre papel Pólen Soft 80 g/m² para a Relicário Edições.